監修者――佐藤次高／木村靖二／岸本美緒

［カバー表写真］
シャイフ・バハーエッディーン・ヴェレドの
バルフ（アフガニスタン北部）における講話
（スフラヴァルディー『預言者語録』第2巻，1600年頃）

［カバー裏写真］
筆箱
（18～19世紀，エジプト）

［扉写真］
メトワーリーモスク
（デイヴィッド・ロバーツ〈1796-1864〉画，1838年，カイロ）

世界史リブレット102

イスラーム社会の知の伝達

Yukawa Takeshi
湯川　武

目次

前近代イスラーム社会における知

われわれは、〔あるモスクにおいて午後(アスル)の礼拝の後に行われた〕ラディー・アッディーン・アル＝カズウィーニーの講演に出席した。この人はシャーフィイー派の高名な学者である。彼は、神の聖典コーランの注解や神の使徒ムハンマドのハディース(伝承)の解説やその意味の説明を、知識を駆使して行った。ついで四方から嵐のように質問が浴びせられるが、よどみなく答えて、つまることなく処理していく。さらに次々と質問書が手渡されるが、彼はそれらを手にまとめて持ち、最後の一枚まで順に答え終えた。そして夜になり、彼が降壇すると、人々は散会した。(藤本勝次・池田修監訳『イブン・ジュバイル 旅行記』より。一部変更して引用)

これは西暦十二世紀末にアンダルス（現在のスペイン）からバグダードを訪れたイブン・ジュバイル▲の旅行記からの引用である。ここには前近代のイスラーム社会における知のあり方、そして伝達の仕方の重要な面のいくつかがよくあらわれている。教育の場としてのモスク▲、不特定多数の聴衆、教師が伝えようとする知識の種類、知識を伝えようとする教師と知識を獲得しようとする聞き手（学生）の関係、そして社会の知にたいする強い関心など、さまざまなことが読み取れる。

　さて、本書では、イスラームが興ってから十六世紀までのイスラーム社会で、「知」がどのように伝えられたかをみていく。そのさい、まず大事なことは、伝えられるべき「知」とはどのようなものであったのかということである。

　イブン・ジュバイルの旅行記にもあるように、モスクでの講義は『クルアーン▲』（以後、コーラン）やハディース▲に関連するものが多かった。そして講義を聞いた者たちが熱心に質問するようすが描かれているが、一般のムスリム（イスラーム教徒）たちもそのような知識を獲得することに熱意をもったのである。ムスリムが社会と文明の中心を占めているのであるから、イスラームそのもの

▼イブン・ジュバイル（一一四五〜一二一七）　アンダルス生まれ。メッカへの巡礼の旅行記で知られている。この旅行記は、一一八三年から始まるが、十字軍時代のエジプト、シリア地方、また、ノルマン王朝支配下のシチリアなどについて、史料的な価値が高い。

▼モスク　アラビア語「マスジド」のヨーロッパ語化したかたち。イスラームの礼拝場を意味する。その形態は、地域・時代によってさまざまであるが、内部に、メッカの方向を示す壁の窪み（ミフラーブ〈七四頁参照〉）があり、礼拝はその方向に向かっておこなわれる。説教壇（ミンバル）、光塔（マナーラ＝ミナレット）があるものもある。金曜日の集団礼拝用の大きなモスクは、金曜モスク（ジャーミウ）と呼ばれる。

に関連する知識が重要なものと認識され、そのような知識の幅を広めつつ深め、そしてその集合的な努力の結果を次世代に伝えていこうとする意欲を、社会全体としてもつのは当然のことであろう。

　そのような宗教的な意味での知とは異なる、人間の思考力から発する、ごく自然な知的探求心や好奇心から発展してきた、宗教とは異なる独自の性格をもつ「知」の体系も、ムスリムたちの知的活動のなかに深く入り込んでいる。人間を含めた万物の存在についての議論や、そしてその認識のあり方についての問題、天体を含めた自然界のあり方についての疑問の解明などである。そのほか、現実の生活や社会の必要から生じる多様な事柄についての、さまざまなレベルでの理解や応用、さらに実践的な技術についての知識も、イスラーム社会の「知」の体系の重要な部分をなしている。

　また、アラビア語は神の書コーランの言葉として、イスラーム社会では、他の言語より優越した地位を保っていた。アラビア語の言語としての特性をもっともよく示しているのは詩であると考えられていたが、その詩を中心とする文学の世界があり、文学的な「知」の世界もあった。いわゆる高級文化としての

▼『クルアーン』　イスラームの聖典。コーランは、それが訛ったもの。イスラームでは、神の教えの書（「啓典」と呼ばれる）は、新・旧約聖書を初めいくつもあるが、コーランが「最後にして最良」の神の書であると信じられている。たんに「書」（アル＝キターブ）とも、「神の書」とも呼ばれる。六一〇年ころから六三二年に亡くなる前まで、ムハンマド（二一頁参照）が、直接、神から受けた啓示（神の言葉）が全一一四章にまとめられた。なお、本文のコーランの邦訳はすべて、井筒俊彦訳『コーラン』による。

▼ハディース　ムハンマドの言行の伝承。はじめは、ほとんどが口承であった。そのため、のちに集められて文字に写されるようになると、歴代の伝承者たちの名前の部分（イスナード）と、伝えられてきた内容（マトン）の部分の、二つの部分から構成されるようになった。

文学から、民衆文化に属する物語や説話にいたるまで、幅広い文学的知の創造と伝達の世界である。

さまざまなジャンルの知が並存し、相互補完的に作用し、時には対立することもあった。しかし、大きな目でみれば、全体として調和的に「知の世界」が成り立っていた。もちろん、時代環境の変化のなかで、なにに重点をおくか、どのような視点と考え方が優勢となるか、社会的になにがより強く求められるかなど、相互の関係は変化していく。

イスラーム社会のなかで、より強く求められる「知」の内容の変化に従って、当然、伝達のあり方も、ゆるやかにではあるが変化していった。そして、それを支える社会的な仕組みにも変化が生じてくる。そして、そのような知とその伝達の中心的な担い手である知識人たちのあり方にも、時代による変化がみられた。

人間の歴史の上にあらわれるどのような社会も、さまざまな性格をもつ諸知識を、複合的かつ重層的なあり方で保持し、伝達してきた。近代(十六世紀)以前のイスラーム社会はそれらの知識をどのように体系化し、どのように世代から世代へと伝え、発展させてきたのか。イブン・ジュバイルの描いた、活気あふれる十二世紀のバグダードの知的活動の状況は、歴史的にどのように形成され、どのように発展し変化していたのであろうか、ということをこれからみていくことにしよう。

①—イスラームと「知識」

イスラーム以前の知の内容とその伝達

イスラームが生まれたのは西暦七世紀前半のアラビア半島であるが、イスラーム誕生以前の時代はジャーヒリーヤ時代▲と呼ばれる。ジャーヒリーヤ時代の重要性は、二つの面から指摘できる。第一に、ジャーヒリーヤ時代は、イスラームが興ってからの時代とは、さまざまな面において異質であり、それがかえって、イスラーム時代の特質を浮かび上がらせるところがあるという点があげられる。第二に、他方では、イスラームがもたらした精神史上の大変革にもかかわらず、ジャーヒリーヤ時代に築かれたアラブ的な諸要素は、イスラームが広まったあとにも根強く生きつづけ、アラブの社会や文化、さらには非アラブの文化にまで影響を与えつづけたという点である。

ジャーヒリーヤ時代のアラビア半島の住民たち（アラブ人）の知的な活動の歴史は、書かれた記録が少ないためにあまりわかっていない。それでも、ごく少ない碑文や、詩集や、コーランや預言者（ムハンマド）伝▲、その他の歴史的資料

▼ジャーヒリーヤ時代　イスラームが出現する前の、約一世紀半のアラビア半島の時代を指す。ジャーヒリーヤは「無知」とか「無明」と訳されるが、イスラームの立場から、イスラームを知らない状態を指す言葉として使われた。

▼預言者（ムハンマド）伝　ムハンマド（一一頁参照）の伝記は、さまざまな形態で書かれたが、イブン・イスハーク（七〇四頃〜七六七頃）の『預言者伝』で一つのジャンルとして確立されたとされる。このイブン・イスハークの著を、のちにイブン・ヒシャーム（？〜八三三）が編集したものが、現在までもっとも流布している預言者伝である。

などから、ある程度のことは推測できる。

そのなかで、ジャーヒリーヤ時代の知的状況をもっともよく伝えているのは詩である。この時代の詩は、もっぱら口承によって伝えられたが、そのうちの優れたものや有名なものは、イスラーム時代になってから詩集として編纂され文字として残された。ジャーヒリーヤ詩の集成のうちでもっとも有名なものは『ムアッラカート』▲と呼ばれるもので、後代のアラビア語の詩文学の模範ともなった。アラビア語で文学を意味する語は「アダブ」であるが、この「アダブ」という語は、狭い意味での文学だけではなく、広い意味での知的・社会的な教養や知識をも意味している。ジャーヒリーヤ時代の詩の伝統を初めとする、さまざまな教養的な知識や社会的な知恵などが、イスラーム時代の「アダブ」の重要な構成要素として受け継がれていった(五九頁参照)。そのような生活知あるいは社会知とも呼べるような知識は、現代にいたるまでかたちを変えながら受け継がれているものが多くある。

ジャーヒリーヤ時代の知識の概念は、極めて人間中心的で現実的なものであったと考えられる。その時代にあっては、経験にもとづく知識こそ「確かな」

▼**『ムアッラカート』**　アッバース朝時代に編纂された、ジャーヒリーヤ時代の七つの長詩からなる詩集の名前。「ムアッラカート」とは「吊り下げられたもの」という意味で、カァバ神殿の壁にさげられた詩を集めたものだという説もある。イスラーム時代になってからのアラビア語詩に大きな影響を与えた。

知識だと考えられていた。乏しい資源と厳しい自然環境のもとで、遊牧生活にもとづく部族中心の社会では、日々の生活の糧をえること、自分たちの集団を外からの力から守ること、すなわち、個人にしろ、集団にしろ、いかに生き抜くかということが人びとの価値観の根底にあった。そこでは、先人から受け継がれてきた経験の積み重ね、さらにその上に積みあげた各個の実際の経験こそが意味をもつものだった。人びとが、知識とはまさにそのように経験に裏打ちされてこそ、「確かな」ものとなると考えたのは、当然ともいえる。

ただし、詩を含めて現在に残されている資料からは、詩を初めとするジャーヒリーヤ時代の知の蓄積がどのように世代をこえて伝えられていったのかは具体的にはわからない。ただ一ついえることは、知識の伝達のもっとも重要な手段は口承であったということである。

伝えられるべき知としての「アダブ」の伝統にもまして、本書のテーマから重要な点は、部族の方言をこえる共通の言語が、イスラームが生まれてくる前の一世紀くらいのあいだに形成されたということである。ジャーヒリーヤ時代の詩はそのような言語で表現され語り継がれてきたのである。つまり、アラブの人びとのあいだに共通語が発展し、さらに、その言語の共有をつうじて「アラブ」という意識が育ってきたことはのちの時代にいたるまで大きな影響を残すことになる。アラブの言語としての共通のアラビア語の成立は、イスラーム時代にはいってからのアラブ、さらにはアラブのもたらしたイスラームを受け入れた非アラブのムスリムたちの世界における知およびその伝達にとって、極めて大きな役割をはたすことになるのである。

もう一つ重要な点は、ジャーヒリーヤ時代では、社会のさまざまなレベルに蓄積された知が当然あったが、それが社会的な伝達システムとしての、狭い意味での教育によって伝えられるということはなかった。知識の伝達は、親から子へ、年長者から若者・子どもへと、家族や部族、あるいはその枠をこえる社会集団のなかで、組織的ではないやり方で伝えられていくのがふつうであった。

このようなジャーヒリーヤ時代の知識の概念とその伝達の仕方に大変化を与えたのが、七世紀初めにメッカに出現した、預言者にして神の使徒であると称するムハンマド(一一頁参照)という人物が唱導するイスラームであった。

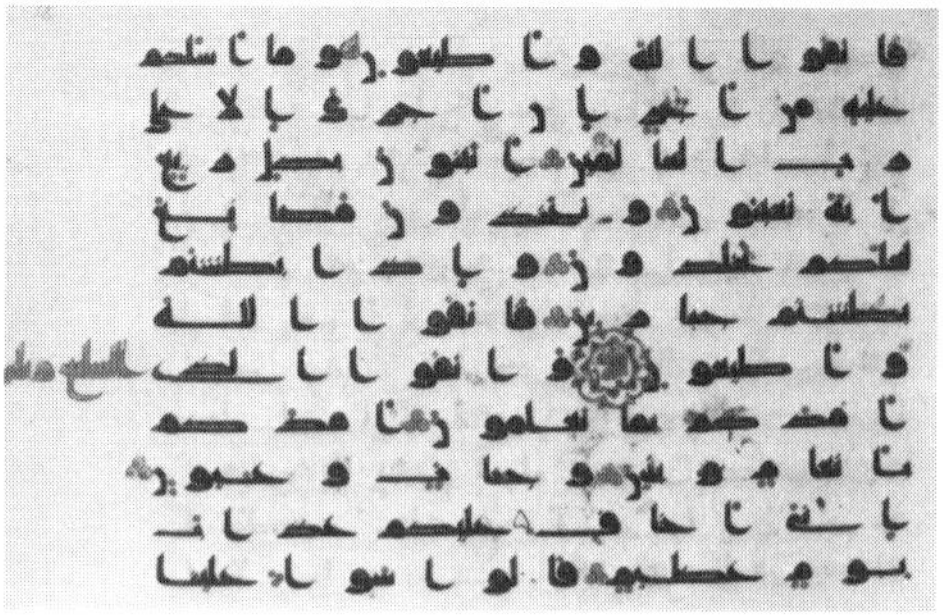

コーラン　クーフィー体と呼ばれる書体で書かれたもの（九世紀）。

コーランによる「知識」の定義と意義

　イスラームにとって、そしてそれを信じるムスリムにとっては、その信仰の拠り所は神の言葉（啓示）の書であるコーランである。ついで重要なのは、神により選ばれ、神の言葉を人びとに伝え、また神から直接の教えを授かったとされる預言者ムハンマド▲の教えである。ムハンマドの教えは、言葉と行為によって人びとに示されたが、その言行の伝承がハディースと呼ばれ、ムスリムにとっては、コーランにつぐ神的な意義をもっている。言い換えるならば、イスラームにとって、すなわちムスリムにとって、神＝コーランとムハンマド＝ハディースが信仰の源泉だと考えられている。「知識」およびそれにかかわる人間の知的活動についても、イスラームの立場からみるならば、まずコーランとハディースから話を始めるべきだという理由がそこにある。

　コーランのもっとも古い部分は第九六章であるとされている。その第三節から第五節は以下のようなものである。

　誦め、「汝の主はこよなく有難いお方。筆をもつすべを教え給う。人間に未知なることを教え給う」と。

ここにイスラームが、知識やそれを教えること、またそれを学ぶことを重んじる理由を見出せる。この第九六章が預言者ムハンマドにくだされたのは、西暦では六一〇年ころだとされるが、その後、六三二年に亡くなる直前まで、啓示はムハンマドにくだされつづけたとムスリムたちには信じられている。その二〇年ほどのあいだに、イスラームの共同体は成長し、ムハンマドの立場も大きく変わり、コーランにもその変化が反映されている。そのなかにあって、変化しなかったことの一つは、知識の尊重ということである。

コーランには、知識あるいはそれに近い意味に訳せるアラビア語がいくつかでてくるが、そのうちもっともよくでてくるのが「イルム」という語である。イルム(知識)は、一般的な意味での「知識」ともとれるところも一部にはあるが、コーランでは、「神に発する確かな知識」を意味すると解釈されている。これは、普遍的で、確かで、正しい知識は神に発する知識であるのにたいし、人間の理性にもとづく知識は、限定的で、不確かで、誤りがある、というイスラームの神観・人間観にもとづいている。神は完全で永遠の存在であるのにたいし、その神によってつくられた人間は、不完全で有限の存在である。人間の

▼**ムハンマド**(五七〇頃〜六三二)
イスラームの創始者。メッカのクライシュ族の商人の家系に生まれる。両親を早くに失い、父方の一族に育てられ、商人として活動した。四十歳のころはじめて神の声を聞くという宗教的体験をし、それ以降、教えを説きはじめる。その教えはメッカでは受け入れられず、六二二年にメッカの西北にあるメディナへ弟子たちとともに移住した(ヒジュラ)。メッカ期は、唯一の神にひたすら従い、最後の審判に備えて、悔い改めて神の教えに従い正しく生きることを強調した。政治的な指導権を握ったメディナ期には、人間関係や社会関係にかかわるさまざま事柄についての律法的な教えが多くなり、ユダヤ教やキリスト教と異なるイスラームの独自性を強調した。六三二年に亡くなるまでの一〇年間で、アラビア半島の大半を、宗教的にはイスラームを受け入れさせ、政治的にはメディナの自らの政治的主導権のもとにおくことに成功した。

理性、すなわち考える力は、それゆえ有限である。さらに人間には気ままさ、あるいは身勝手ともいうべき気質がある。これが人間の理性（思考）に弱さを与えている、と考えるのである。

コーランにみる知識の伝達

それではその正しい神の知識は、どのように人間に伝えられるのであろうか。コーランによれば、神は、間接的な方法と、直接的な方法の二つの方法で、人間に知識を授けるという。間接的には、神は、神の徴《しるし》▲（アーヤ）をつうじて、人間に教えようとする。神の徴によって、「人びとにわからせようとする」のは、「神の徴を見れば、人間はその意味を読み取るだけの力を有している」からである。

神の知識の直接的な伝え方は、神が自ら選んだ特定の個人に「知識を授ける」というやり方である。このようにして神に選ばれた特定の人間を、ユダヤ教やキリスト教など、いわゆるセム的一神教▲の伝統を継ぐイスラームでは、「預言者」（ナビー）あるいは「神の使徒」（ラスール・アッラーフ）と呼ぶ。それら

▼神の徴　神の存在を証する徴。さまざまな自然現象や、種々の奇跡などがアーヤと呼ばれる。コーランを含めて、預言者たちに与えられた啓示の書もアーヤだとされた。アーヤは、それがアーヤとわかる人にはわかる、とコーランは教えている。

▼セム的一神教　言語学上のセム語族のあいだから生まれてきた一連の一神教。ユダヤ教、キリスト教、イスラームがその中心である。イスラームでは、これら三つの宗教の共通の源はアブラハム（イブラヒーム）であるとして、純粋な一神教として、「アブラハムの宗教」という言葉がコーランにしばしばでてくる。イスラームは、その伝統をもっとも体現する宗教だと考えた。

の人びとに神は知識を（啓示として）直接授けたのであるが、そのうちのあるものは啓示の書（啓典）として文字に写されて残った。イスラームのムハンマドもそのような預言者＝神の使徒の一人であると位置づけられている。イスラームの独自性は、そのムハンマドが、歴代の預言者のなかで、「最後にして最良」の預言者であるという信条にある。

　確かで正しい神の知識が人びとに伝わる第一の段階は、神から預言者への伝達である。預言者に伝わった知識は、第二の段階、すなわち人間レベルでの伝達の段階にはいる。預言者たちの役割は神の教えた知識を人びとに伝えることである。これは神にたいする義務であると信じられた。イスラームにおいては、ムハンマドがそれを誠実に実行した。その預言者ムハンマドの亡きあとは、預言者の直接の弟子（教友＝サハーバ▲）が預言者から学んだことを、さらに広い範囲の人びとに、あるいはつぎの世代に伝える、すなわち教えることになり、それがさらに世代から世代へと拡大していくことになるのである。この伝達のプロセスこそまさに教育であり、そこで取り扱われる知識は、人から人への口承にしろ、書いたものによるにしろ、順次、伝達されていくものである。

▼**教友（サハーバ）**　イスラームの最初期の世代のなかで、ムハンマドに直接、接したことのある人びと。ムスリムとして、一度でもムハンマドに接したことのある人はサハーバであると認められた。この人びとがムハンマドの言行の第一伝承者であるため、高い尊敬を受けた。

そして、その伝達されるべき知識は神に発する「確かな」知識であるから、教師から学生に正確に伝えていかなければならない。その意味でこの種の知識のことを、そしてその知識の体系化されたものを、「伝達の諸学問」(知識)と呼ぶことになる。

ここで、コーランが教える知識の伝達の「与え手＝教師」と「受け手＝学生」の関係を考えてみると、イスラーム的な知の伝達の特徴がみえてくる。伝達の第一段階は神と預言者の関係であり、これは神の選択、すなわち一方的な神の意志によるものである。その後のプロセスは「与え手」である側にとっては、知識を正しく伝えることが義務であるのにたいし、「受け手」の側は、自らの主体性で知識を「獲得」するという関係に逆転する。「与え手」の側は知識をできるだけ正確に伝えることが義務であると同時に、それを受け取った側、すなわち学生が正しく知識を受け取ったかどうかを確認することも義務となる。これは教師が個々の学生が正しく学んだかどうかを個人的に確認するという考え方を生み出した。別の見方をすれば、知識の伝達＝教育は、教師と学生の個人的関係を基本として成り立つものであるという考え方が、かなり早い時期から確立していたといえる。

コーランとムハンマドを信じるムスリムにとって、知識をえる最良かつ最終的な源は、コーランとムハンマド自身、そして二義的にはムハンマドの教友たちしかないということになる。このことにより知識の受け手である人間は、いったんイスラームを受け入れたならば、積極的にコーランおよびハディースをつうじて、自らの知識をふやす義務を負うことになるという考え方が、論理的な帰結として生まれてくる。

ムスリムにとっては、また別の面からも、知識をますことの必要性が説かれる。それは、コーランにおける信仰(イーマーン)と知識の関係から生じてくる。コーランは、人間にとってもっとも大事なことは、神にたいする信仰であると繰り返し説いている。神を信じ、神の言葉の書である啓典を信じ、預言者を信じることが、人間の唯一の正しい生き方であると教える。心正しい人とは、そのような信仰をもつ人のことである。心正しいことと正しい信仰をもつことは同じことであるという。そして、心正しい人は、なにが正しいかを知ることができる。つまり、信仰のある人は、正しいこととそうでないことを見分けることができる。そのような判断力は真の知識をえてそれを理解するために不可欠である。すなわち、信仰が知識をますのであり、信仰こそが知識の基礎である。一方では、いったん知識をえれば、それはますます信仰を強くし高めることにもなる。その点で、ムスリムにとって知識をより多くえようとする努力は、極めて大きな意義をもつことになる。

　このようにして、ムスリムはコーランとハディースに知識を求め、それを他の人びとに、あるいはつぎの世代へと伝えていくことになる。そして、そのことがコーランによって奨励されたのである。このようなかたちでの知識の伝達が、コーランの説くところから導き出せる教育のプロセスであり目的である。

ハディースにみる知識の価値

　ハディースは、ムハンマドの同時代人の直接の証人から始まり、世代から世代へと、伝えられてきたものである。初期には口承によったものが、のちには文字へと写されるようになった。多くのムスリムが真正なハディース▲だと信じているものは、ムスリムにとっては、前にも述べたとおり、コーランにつぐ重

▼真正なハディース　この伝承は正しくムハンマドの言行を伝えていると認定されたハディース。ハディース学では、ハディースの真正さを、その内容の信憑性と、伝承された経路の信頼度を基準にして判断する。ムスリムは真正な（サヒーフ）ハディースと認定されたものについては、コーランにつぐ高い地位を与えている。これにたいし、現在残っているハディースのほとんどは偽造であるという説が欧米の学界には根強くあり、ハディースの真偽論争として長く続いた。

い意味をもつものである。ムハンマドと同時代のムスリムは、ムハンマドの口をとおして、まだ文字にされていない神の言葉を聞き、わからないことを含めてムハンマド自身の指導を受けることができた。ムハンマドの死後のムスリムは、文字になったコーランをつうじて神の教えと、口承あるいは文字に写されたハディースをつうじてムハンマドの模範や教えと接することになる。

多くのハディースが、ムハンマドが「知識」を学んだり、伝えたりすることについて、どんなことをいい、どんな先例を残したかを示している。ハディースは、西暦八世紀から九世紀にかけて収集され整理され、▲ハディース集成と呼ばれるものにまとめられるようになった。それらには「知識の章」というのがあり、ここで取り上げる「知識」にかんするハディースがまとめて記録されている。

そのようなハディースによれば、「知識」は神から授けられた恵みであり、しばしば財産に喩《たと》えられている。コーランの句「神は誰でも御心の向いた人に知恵をお授けになる。神様から知恵を授かるとはまた大変結構なものを頂戴したわけではないか」(第二章二七二〔二六九〕節)のなかで、「大変結構なもの」

▼ハディース集成　九世紀になると、それまで収集・蓄積されてきたハディースがまとめられ、取捨選択されたり、内容やその他の基準で分類された。それが本にまとめられたのが、ハディース集成である。そのなかでも六人の学者(ブハーリー〈一九頁参照〉、ムスリム、イブン・マージャ、アブー・ダーウード、ティルミズィー、ナサーイー)によるものが、とくに有名で、六大ハディース集成と呼ばれる。シーア派(四四頁参照)には独自の四書と呼ばれるハディース集成がある。

といくぶんか抽象的にいっているところを、ハディースでは「財産」と極めてわかりやすい喩えに置き換えている。ハディースには「知識」そのものの価値を語るものも多い。

しかしハディースの一つの特徴は、預言者ムハンマドが啓示を授けられた時代とは異なる、イスラームの社会が発展していったあとの時代の状況を反映しているものも数多くあるということである。例えば、「知識ある者たち（ウラマー▲）は預言者の跡継ぎである。彼らは知識を遺産として残した。それを継ぐ者はおおいなる財産を継いだことになる」というハディースがある。ここでは前に述べたのと同じように「知識」を財産に喩えているのであるが、それとは異なる内容も含んでいる。それは「ウラマー」という語でもって、「知識」を有する人びとをあらわしている点である。歴史的にみると、イスラームの社会に「ウラマー」と呼ばれる人びとが出現するのは、ウマイヤ朝▲時代の後半の八世紀以降になってからである。このハディース自体はそういう状況を反映していることはまちがいないが、イスラーム的な意味での「知識」の大事さをわかりやすく、かつ具体的に示していることでは典型的なハディースであるといえる。

▼ウラマー　「ウラマー」は「知識（イルム）を有する者」という意味のアラビア語「アーリム」の複数形。一般に、単複の区別なく、イスラーム諸学を学んだ者、あるいは、その道の学者たちを指すことが多い。

▼ウマイヤ朝（六六一〜七五〇年）　六六一年にメッカ出身のウマイヤ家のムアーウィヤが、第四代カリフのアリーが暗殺されたあとに創立したカリフ王朝。首都をシリアのダマスクスにおいた。イスラームの理念よりも、征服民族としてのアラブによる支配を基礎とする王朝であるとされている。七五〇年にアッバース家により滅ぼされた。一族がイベリア半島にわたり、アンダルスのウマイヤ朝（後ウマイヤ朝）を興した。

ハディースにみる知識の探求と伝達の意義

知識に関連するハディースには、「知識」そのものについて語っているものよりも、「知識の伝達」についてのもののほうが多くあるようである。ブハーリーの『正伝集』には、以下のようなハディースがある。「汝らの民のもとに帰って彼らに教えよ」。これは、ある部族の代表がムハンマドのもとにやってきて、イスラームを受け入れたときにムハンマドがその代表にいった言葉だとされている。この場合伝えるべきことは、ムハンマドが説くイスラームということであるが、「知識」の伝達の義務を簡潔に示している。そしてそれがより具体的に、だれがだれに教えるかが明確に命令のかたちで示されている。これよりもう少し一般的なかたちで、「今ここにいる者はいない者に知識を伝えよ」というハディースもある。神という唯一の源から発した「知識」は預言者という中継をへて、「知識をもつ人びと」をとおして、時間的にも空間的にもより広い範囲の人びとにゆきわたっていくことになるのである。このように、コーランよりもハディースのほうが、よりいきいきとした具体的なイメージを

▼**ブハーリー**（八一〇〜八七〇） ペルシア系のハディース学者。その著になる『（ブハーリーの）正伝集』（サヒーフ）は、ハディース集成のなかでも、ムスリム（?〜八七五）の同名の書『（ムスリムの）正伝集』と並んで「二つの正伝集」と呼ばれ、コーランにつぐ重要性を与えられている。

与えてくれる。

「中国にまで知識を求めよ」というハディースがあるが、知識を求めることにたいするムスリムたちの意欲をよくあらわしているので有名である。もっと直截的なかたちで、「知識を求めることはすべてのムスリムの義務である」といっているものもある。表現の仕方としては誇張があるようにもみえるが、ムスリムの知識人たちのもつ知的探求の気持ちを端的にあらわしている。

コーランとハディースをつうじて、「知識」の伝達における与え手と受け手のそれぞれの動機づけが、前に述べたようなかたちでおこなわれた。そして、コーランにおいてもハディースにおいても、「知識を与える」という意味で、「タアッラマ」というアラビア語が使われている。この動詞の名詞形「タァリーム」はコーランにはでてこないが、ハディースではよく使われている。ハディースにでてくるときは、神が人に教えるのではなく、人が人に教える場合、すなわちわれわれが一般に「教育」と呼ぶのに近いことを指す名詞として使われている。まさに、ハディースはムスリムの社会で教育と呼ばれる分野が発達しはじめたころの状況を反映している。

しかも、いくつかのハディースが示しているように、神に発する「知識」だけではなく、人間レベルの一般的な知識の伝達＝教育にかんしても同じ語を使っていることは極めて興味深い。その一つの例として、「奴隷女にもっともよい作法を身につけさせ、もっともよい教育を与える人は、神の恵みを受ける」というハディースがある。ここで「教育」と訳したもとのアラビア語は前述の「知識を与えること」を意味する「タァリーム」という語である。それはなにかを場当たり的に教えるのではなく、なんらかのきちんとした方法で、まとまった内容をもつことを教えることを意味していると解釈できる。そうであるならば、それこそわれわれが使っている意味での「教育」であり、一般的な「教えること」以上の厳密な内容を示していることになる。

　コーランやハディースにおける「知識」は、これまで述べてきたように、極めて宗教的な性格が強い。宗教的というのは、確かな「知識」はすべて神的起源をもっているということであって、その知識の内容が直接宗教にかかわっているという意味ではない。「知識」の内容は、神の全能性▲ということからすれば、すべての事物、現象にわたるはずである。神の「知識」はすべてをおおっ

▼神の全能性　神は、万物の創造主であり、全知全能であるという神観はセム的一神教に共通している。イスラームでは、「神の九九の名前」という考え方があるが、全知は「アリーム」、全能は「カーディル」という言葉であらわされている。また「神はすべてを支配する」とされるが、それらのことと、人間の「自由な意志」との関係は、コーランでは明確には述べられてはいない。

ているが、人間の「知識」は部分的である。「知識」は神の恵みとして与えられ、それが人から人へと伝えられたものである。人間の側で、このような「知識」をましていくためには、人びとが部分的にもっている「知識」を集めて大きくしていくのが一つの方法である。

それと同時に人間は「理解する力」(アクル)を神から与えられているとコーランもハディースも説いている。すべてを知り、理解することはできないにしても、この「理解力」を有効に使うことにより、「知識」を幅広くしていくことはできる。コーランやハディースにおける「知識」や「理解力」は比較的限定された意味から出発していながら、拡大していく可能性をもつ概念であった。実際、のちには、もともと「神に発する確かな知識」を意味する「イルム」が「学問」を、「アクル」が「理性」を意味するようになったのである。

②—知の領域の拡大と発展

イスラーム文明の形成と知的活動の発展

アラブ・ムスリムは、預言者ムハンマドの死後二年もたたないうちに、アラビア半島の外へと膨張しはじめた。それから約百年余のあいだ、アラブの領域は拡大を続けた。いわゆる「アラブの大征服」の時代である。この支配領域の拡大は、アラブ・ムスリムの社会に極めて大きな政治的・経済的・社会的変化をもたらし、さまざまな知的活動にも影響を与えた。

アラブ征服軍は、イスラームの中心であるメディナやメッカの住民▲たちばかりではなく、多くのアラブ遊牧部族民▲（ベドウィン）から成っていた。征服地において、遊牧生活を続ける集団もいたが、支配の拠点となる都市に住むようになったアラブ人はそれ以上に多かった。アラブの支配エリートたちが、各地の都市に住むようになったために、新しく形成された領域で発展することになるイスラーム文明に、都市的な性格を色濃く与えることになった。

また、アラブ・ムスリムは、アラビア半島の外にでることにより、長い伝統

▼メディナやメッカの住民　六二二年にムハンマドはメッカから逃れてメディナに移住（ヒジュラ）した。ムハンマドについてきたメッカ出身者はムハージルーンと呼ばれ、メディナでムハンマドを受け入れムスリムとなった人びとはアンサール（援助者たち）と呼ばれた。のちにイスラームを受け入れたメッカの人びともムハージルーンとされた。これらのメディナやメッカの人びとがアラブの征服軍の中核をなした。

▼アラブ遊牧部族民　イスラームの勃興期のアラビア半島の住民は、オアシスで農業をいとなむ者も、オアシス都市で商売をする者もいたが、多くは部族に分かれて遊牧生活をいとなんでいた。社会意識としては、父系の血統でつながる大小の部族が社会の基本であり、生活のすべての面で部族集団が単位となっていた。

▼**ゾロアスター教**　紀元前一〇〇〇年ころの古代ペルシアのゾロアスターにより説かれた、二元論的な宗教。世界を、善と悪、真理と虚偽のような、倫理的に対立する二つの要素の争いの場と考える。西では、ユダヤ教やキリスト教、さらにのちのイスラームの神秘主義哲学にも、東では仏教にも、ある程度の影響を与えたと考えられている。

をもつ、より高度の文明にふれることになった。東はメソポタミア、イラクそしてペルシア方面、西ではシリアからアナトリア東部にかけての地方、そして南にくだってエジプトを、つぎつぎと征服した。いずれの地方も古代のオリエント文明からペルシア文明、ギリシア文明を継承するヘレニズム文明など、当時の高い文明の中心地であった。宗教的にも、イスラームと同じ一神教であるキリスト教とユダヤ教は高い宗教文化をもち、ペルシアのゾロアスター教▲も独自の宗教哲学をもっていた。その他さまざまな宗教が征服地域には存在したが、いずれも独自の宗教文化を築いていた。これらの先発文明や宗教とその信徒たちとの接触が深まることにより、イスラーム自体も、そしてムスリムたちも大きな影響を受けることになったのである。

征服の進展と支配の定着とともに、イスラームを受け入れる非アラブの人びとが増加し、ムスリムの社会の知的活動に多くの新しい要素を持ち込んだ。改宗を強制しない政策により、征服地に住む非アラブ諸民族のイスラーム受容は、初期にはあまり進まなかったが、八世紀半ば近くになると、都市の住民たちの改宗が進んできた。改宗の理由は、精神的・社会的・経済的などさまざまな要因の複合であると考えられるが、都市において、支配者であるアラブ・ムスリムとの接触（通婚も含めて）によりそれが加速されたことはまちがいない。それらの人びとは、言語的には支配者の言葉であるアラビア語を採用する一方で、文化的には、自分たち自身が受け継いできた、より高い文明の伝統を、アラブ的・イスラーム的な文化に注ぎ込んだ。他方で、都市のアラブ人たちも、このような刺激に反応して、自らの宗教と文化に新しい要素を受け入れ、知的活動を活発化させていったのである。

アラブの征服により確立した広大な領域では、初期の正統カリフ▲時代、ウマイヤ朝、アッバース朝▲と、カリフ権の保持者の交替や政治的な分裂はあったが、社会的・経済的には、全体として比較的安定した状態が続いた。農業生産の向上が全体を支える富の源泉であったが、手工業や商業活動がさらに都市の豊かさをます要因として働いた。都市に集められ蓄積された富は、豊かな都市住民層を生み出し、そのような人たちを、知的活動を含めた文化的活動に参加させることになった。知的活動、文化活動への参加の形態としては、パトロンすなわちスポンサーとなって活動へ資金などを提供するか、自らあるいは家族や一

▼正統カリフ　ムハンマドの死後、その後継者として初代のカリフに選ばれたアブー・バクル（在位六三二〜六三四）、二代目ウマル（在位六三四〜六四四）、三代目ウスマーン（在位六四四〜六五六〈二八頁参照〉）、四代目アリー（在位六五六〜六六一）を指す。「正統」（ラーシド）は「正しく導かれた者」という意味で、この時代に、イスラームがアラブのあいだで確立し、アラブの征服活動によりアラブ・ムスリムの領域が拡大し、イスラーム国家の基礎ができたとされる。

▼アッバース朝（七五〇〜一二五八年）ムハンマドの叔父のアッバースの子孫により、七五〇年に創設されたカリフ王朝。イスラームを支配の原理としたことで、アッバース朝国家は「イスラーム帝国」と呼ばれる。被征服諸民族のイスラームへの改宗が進み、非アラブの諸民族が、諸分野に進出した。イスラームそのものの普遍化が進むとともに、文化・文明の普遍化も進展した。

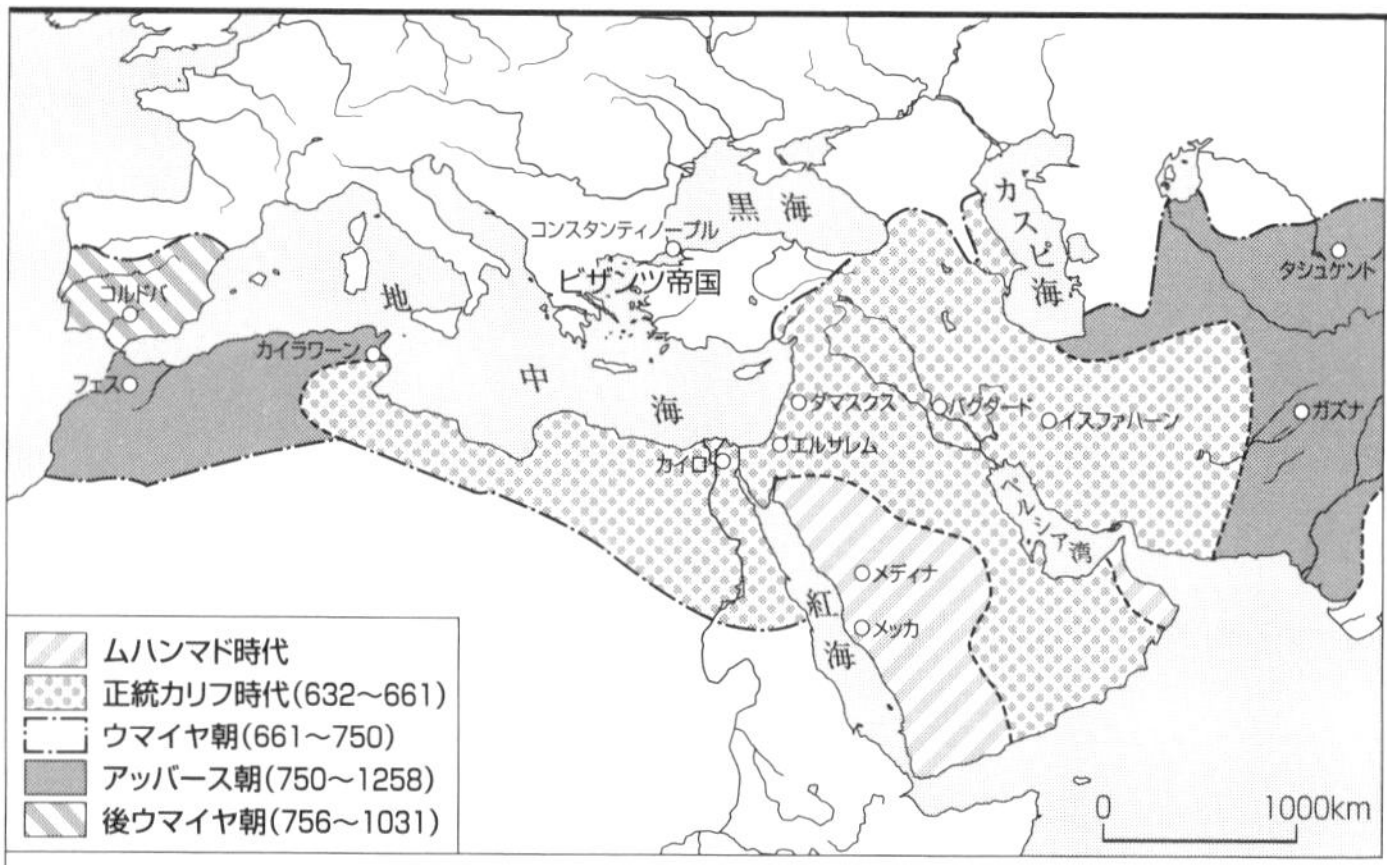

●──イスラーム帝国の領域

●──市場のようす

族の者が直接そのような活動をおこなうかであった。結果的には、文化的な活動は圧倒的に都市に集中し、アッバース朝時代を中心に形成されたイスラーム文明に、都市中心型の文明と呼べる性格を与えることになった。

コーランの正典化

アラブ・ムスリムの拡大にともなうイスラーム文明の生成発展とは別に、アラブ・ムスリムたち自身のなかにも、変化・発展の要素は早い時期からみられた。そしてそれは、コーランやハディースの教えを基礎として、イスラームにかかわる知の体系の最初期の発展に重要な役割をはたした。

イスラームにとって最初の文化的事業とも呼べるものは、コーランの編纂事業である。そしてこれはムスリムたちの本格的な知的活動の、最初のきっかけの一つとなった。コーランは、神が時に応じて預言者ムハンマドに与えた言葉(啓示)が、ムハンマドの口をつうじて、信徒たちに伝えられたものだとムスリムたちは信じている。ムハンマドの弟子たちは、ムハンマドの口からでた啓示を記憶しそれを口承で伝えたり、なかには字の書ける者もいたから、時にはメモのかたちで書き残したりもしていた。もともとコーランは暗記し朗誦するものとされていた。しかし、ムハンマドの死後に始まったアラブの征服活動の過程で、暗唱者が死んだり、各地に散らばってしまい内容的にも異同が生じるおそれがでてきたために、第三代カリフのウスマーン▲が正典化を命じ、六五〇年ころに完成されたと伝えられている。

コーランの正典化にはさまざまな知的努力がそそがれた。また、正典化され確立したコーランをめぐってさらに大きな知的活動が展開されることになった。例えば、コーランの正典化には、文法や語彙にかんする知識など、アラビア語のさまざまな側面にかんするきちんとした知識が必要である。コーランを編纂するためにも、また編纂されて確立したコーランを理解するためにも、アラビア語という言語にかんする知識が必要である。この必要が、アラビア語にかんする言語学的な諸学問へとのちに発展していくことになる。それに加えて、コーランに含まれるイスラーム以前の説話や伝承についての研究や、解釈の難しい語句や節などについて、探求し解釈しようとするコーラン解釈学も発達することになる。

▼**ウスマーン**（在位六四四〜六五六）　メッカの有力商人家系のウマイヤ家の出身で、早くからイスラームにはいった。ウスマーンの統治は、ウマイヤ家などのメッカ出身者のエリートを重用したために、多くの人びとの反発を買い、最後は不満分子に暗殺された。彼の命により編纂されたコーラン（ウスマーン版）が、コーランの正典となった。

コーランの内容にかんしては、個々の章句をどのように解釈するかということに関心が集中したが、ムハンマドや教友（サハーバ）たちが、それについてどのようにいっていたかということを、できるだけ正確に伝えていこうとする努力がなされた。このような「正確な伝達」という知的傾向は、のちに「伝達の諸学問」というかたちにまとめられ、ムスリムの知的活動のもっとも大きな柱となった。

これとは性格を異にするものとして、コーランの編纂後、半世紀以上たったウマイヤ朝後期には、コーランで教えられていることを、論理的に説明するにはどのように考えればいいのかと問う人もあらわれてきた。信仰を理性で、どう表現するかという新しい立場である。この流れは、一方では神学、他方では哲学へ向かう可能性をもっていた（三二頁参照）。

ハディース学、法学の展開

ムハンマドの没後しばらくのあいだは、メディナや征服地各地にいるムハンマドと同世代の人たちや、あるいはその世代を実際に知っている人たちから直接、話(ハディース)を聞いてそれをそのとおり記憶するのがふつうであったといわれている。しかし、時間の経過とともに、そのようなハディースの直接の伝え手が減っていったので、だれからだれへと伝えられたかを正確にわかっていなければいけないと考えられるようになった。さらに、それぞれの世代の伝え手の信頼性も考慮しなければならないとされるようになった。

また、口承が原則であったハディースが、ウマイヤ朝時代前期の七世紀末ころには、一部は文字で記録されはじめた。口承で記憶することと、文字に写してテクスト化するということは、ハディースを学ぼうとする者に、それぞれ性格の異なる知的な努力を要求する。文字にするということは、きちんと取捨選択したり整理するなど、いろいろな知的作業をすることで、まるごと暗記し、それを頭のなかにしまっておいて必要に応じて引っ張り出して口頭で他人に伝えるのとは、かなり違っている。イスラームの諸学問、すなわち「伝達の諸学問」には、このハディース学のもつ、暗記による口承と文字化して学ぶという二つの方法論が、後世まで受け継がれていくことになる。

ムハンマドと教友たちの教えへの関心は、他の面でも新しい知的展開へとつながった。すなわち、個人としてあるいは共同体として、いかにイスラーム的に正しく生きるかという問題である。それは異教徒たちが住民である広い地域に散らばり、メディナやその他のアラビア半島各地とは、環境の異なる場で生活するようになったアラブ・ムスリムたちにとって切実な問題であった。イスラーム法▲(シャリーア)についての思考も、早い時期には、ムスリム個人としての生き方を問う、狭い意味での宗教的関心が強かったが、ある時期からはイスラーム的な社会とはなにか、という社会的な問題へと関心が広がっていった。

　征服地のイスラーム以前からの法的規定を採用しながらも、それをムスリムである自分たち自身の法的な規定や慣行とどのように整合させるかという点から、法についての思考が深められていった。ムハンマドが生きていた時代のメディナの伝統にたいする関心が高まり、関連するハディースが集められ参照されるようになった。さらにそれを多様な状況のなかで応用するにはどのようにすればいいか、という方法についても思考が深められるようになった。そのような知的な努力が積み重ねられ、アッバース朝時代初期に法学が成立することになった。ここでも議論の基礎となったのはコーランとハディースである。

▼イスラーム法　イスラーム法の特徴は、神の教えにもとづくもので、一般的な法規範だけでなく、信仰の内容や倫理道徳から、社会的な行動規範まで、包括的に含まれている点である。法学は外面化される行動規範を中心にあつかう。

さらにそこから、より多様な現実の状況へ対応していくための方法が、ムスリム共同体の慣行の重視から合理的な判断の承認まで、さまざまに論じられていくことになった。そこでも、さまざまな判断の根拠として、ハディースが使われた。そのようなハディースは「法的ハディース」と呼ばれるが、それらを含めてハディースがイスラームの諸学問に占める地位はますます大きくなっていった。

哲学の道と諸学問の繁栄

初期のアラブ・ムスリムの知的関心がイスラームにかかわることに集中したのは当然だったといえる。しかし、そのような知的関心は、ムハンマドや教友たち、そしてそれを受け継ぐ人たちからの知識の「継承」に重点がおかれながらも、たんにそれだけではとどまらなかった。ムハンマドが亡くなってから二十数年しかたたないうちに、すでにムスリム共同体内部で、イスラームの共同体の指導者はだれであるべきかなどのいくつかの重要な問題に関連して、コーランの解釈とムハンマドの教えをめぐって論争▲が起こっている。これは知識が

▼**共同体の指導者をめぐる論争**　第三代カリフ、ウスマーンが暗殺されたあと、後継のカリフ位をめぐってムハンマドの従弟アリーとシリア総督のウマイヤ家のムアーウィヤのあいだで争いが起こった。その争いでアリー陣営の一部が、両者の和平交渉に反対して、アリーのもとを去った。このグループをハーリジー派(または、ハワーリジュ派)という。ハーリジー派はアリーとムアーウィヤの両方のカリフ権を否定し、信仰の厚い正しいムスリムならだれでもカリフになりうると唱えた。正しいムスリムとは、大罪を犯したことのない者と定義し、信仰と行為の問題を取り上げた。彼らの言説は、結果的には、イスラームにとって「信仰」とはなにかという重大な問題を提起し、のちの神学の誕生と発展に最初の道をつけたとされる。

たんなる継承ではなく、信仰をこえた知的な判断や解釈をともなうものとして自覚されていたということも示している。

このような自分たち自身の判断や解釈は、当然、前の世代からの継承だけではない新たな分野への展開の可能性を含んでいた。そのことは、イスラームにかかわる学問▲としては、ウマイヤ朝時代後期の「人間の自由意志説」と「神の予定説」の対立という有名な論争などによくあらわれている。イスラームが神の教えを説くさいには、人間の理性的判断が入り込んでいるが、それがさらに進むと、イスラームとは別に、本質的な問題について、直接的に人間の理性による理解や判断をくだそうとすることも可能性としてはでてくる。すなわち哲学への道である。

ここにアラブ・ムスリムが踏み込むには、外的な要因としてキリスト教徒の哲学者の存在もあったといわれている。古代ギリシア以来の伝統をもつ哲学およびそれに連なる諸学問が、どのような経路をたどって、そしてどのような具体的状況のなかでムスリム社会のなかにはいってきたのかは、いまだにはっきりしないところが多い。いずれにしても哲学そのものは、初期のムスリムにと

▼**イスラームにかかわる学問**　共同体の指導者をめぐる論争や、そこから展開してきた「信仰」とはなにかという問題などをめぐって、ウマイヤ朝時代にはイスラーム神学が生まれてきた。最初の神学派とされるのは、ムルジア派と呼ばれる人びとで、「信仰・不信仰」の問題について、その決着は最後の審判まで延期すべきだという立場をとり、即断を迫るハーリジー派の考え方を否定した。

っては自分たちの知的な領域の外にあった。しかし、前にも述べたように、コーランの教えの、例えば、人間存在の本質にふれるような問題について、「これはいったいどう考えればいいのだろうか」という素朴な疑問をもつ人がでてきてもおかしくない。そのようにものごとをとらえる人は、どのような宗教、どのような文化圏であっても、当然、いるはずで、アラブのムスリムにもそのようなタイプの人たちが、ウマイヤ朝後期（八世紀前半）にはでてきたのである。

この論争で、「人間の自由意志説」をとる人びとはカダル派▲と呼ばれたが、彼らの考えを受け継いで、理性的にコーランの教えを解釈しようとするムウタズィラ派▲という一団がウマイヤ朝末期からアッバース朝時代初期に活躍した。哲学に関心をもつムスリムたちは、ヘレニズムの伝統を受け継ぐ人びとからの影響もあり、アリストテレスに関心を集中させた。もちろん、アリストテレス以外の思想家の存在も知ってはいたが、多くの場合、アリストテレスを出発点にして、哲学的思考を広げていくという傾向がみられた。

明らかに、ムウタズィラ派など初期のムスリムの哲学者たちの思想は、ムスリムとしての内的な思想的欲求と、イスラームにとって外にあった哲学的な思

▼カダル派　ウマイヤ朝時代の末期に、人間の行為は、神の意思でつくられるとする「神の予定説」にたいし、人間の自由意志によるものであるという「人間の自由意志説」を唱えた一派。カダル派は、行為にたいする人間の倫理的責任を強調した。

▼ムウタズィラ派　八世紀前半に生まれ、イスラームではじめて、体系的な神学を作り出した学派。理性的推論を重んじ、コーランの被創造説を唱え、極端な宿命論を排したり、合理的ではあるが抽象的な神概念を展開した。多数派から排斥されたが、シーア派神学には強い影響を与えた。

考のあいだに生まれてきたものであるといえよう。つまり、哲学的思考はかならずしも外から一方的にイスラームに入り込んできたわけではなく、たまたまイスラームの外にあったものが、ムスリム自身の内側からの知的欲求や関心と重なり合ったために、その後、イスラーム世界において独自に発展していくことになったといえよう。

　哲学とそれに連なる古代ギリシアに由来する諸学問への関心が飛躍的に広まり、そしてより深い思考が生み出されるのは、アッバース朝繁栄期の九世紀初めからの、翻訳活動が進展した時代である。ギリシア古典のアラビア語への翻訳▲には、ギリシア語からシリア語に翻訳されたテクストを使ってなされたものも、ギリシア語のテクストから直接なされたものもある。有名なフナイン・イブン・イスハーク▲を初めとする、非ムスリムの、あるいはイスラームへの新改宗者の翻訳者たちが、アッバース朝一族やその他の有力者たちの支援のもとに、さまざまな書籍をアラビア語に翻訳した。それが可能だったのは、各地にギリシア語あるいはシリア語に翻訳されたテクストが保存されていたこと、各地にギリシア語またはシリア語からアラビア語に翻訳できる人たちがいたこと、翻

▼ギリシア古典の翻訳　イスラーム征服以前からの「理性的諸学問」（三六頁参照）の伝統は、エジプトのアレクサンドリアやシリアの各都市、ジャズィーラ地方（上メソポタミア）、イラン南西部のジュンディーシャープール、イラン東部のホラサーン地方などに、とぎれることなく残っていた。高名な哲学者たちの出身地はこれらの地方が多かった。

▼フナイン・イブン・イスハーク（八〇九〜八七七）　ネストリウス派のキリスト教徒で、医学やその他の「理性的諸学問」を学び、アラビア語言語学をおさめた。ガレノスの医学書をアラビア語に翻訳して世に認められ、アッバース朝カリフのマアムーンおよびムタワッキルのもとで翻訳活動に従事した。フナインのアラビア語訳は、ギリシア語原典のシリア語訳からおこなわれた。その翻訳活動は、哲学・医学・数学など広い分野におよんでいる。

訳活動に資金提供できる層が存在したこと、翻訳を望む知識人層が存在したこと、などの諸条件がそろっていたためである▲。

　哲学以外の、古代ギリシアやヘレニズムから、また分野によってはインドやイスラーム以前のペルシアから継承されてきた諸学問のうち、自然学や数学、医学などの諸学問は、それほど微妙な心理的障壁なしに、純粋な知的好奇心や実用的な関心から受け入れられた。おもに、イスラームへの新改宗者や、非改宗者ではあるがムスリムたちと接触の深い人びとをつうじて、そうした知識を学ぶ機会がましていった。

　こうして、哲学、医学、数学、その他さまざまな分野の学問が、原典の翻訳として大量に、アラビア語を使うムスリムの知識人層にゆきわたるようになったのである。これらの「理性的諸学問▲」は、イスラーム的な「伝達の諸学問」と並んで、九世紀後半から十世紀にかけての時代におおいに発展し、優れた業績をあげたことは、人類の文明史のなかでも特筆されるべきこととして認められている。

　さらに、忘れてはならないのは、左頁の表にあげた分野以外にも知の領域は

▼翻訳活動進展の諸条件　例えば、哲学者のイブン・スィーナーは若くしてサーマーン朝の君主に才能を認められ、文献の豊富な宮廷図書館を自由に使うことを許されたという。そのほかにも、支配者の宮廷における学問的討論会の開催なども史料にはみられる。

▼「理性的諸学問」　インドに由来する天文学や文学その他の知識や文献は、すでにイスラーム以前にペルシアに伝わってペルシア語に翻訳されていたものが、同じアッバース朝期にアラビア語に翻訳されたと考えられる。例えば、占星術やそれと密接に関連する天文学、数学などは、方位や場所の選択、土地の測量や税計算などの実際的な目的のために使われたために、それを専門とする人たちが、イスラーム以前から存在していた。

イスラーム諸学の有名な学者たち

ブハーリー(810~870)　ハディース学者。主著は『正伝集』。

シャーフィイー(767~820)　シャーフィイー法学派の祖とされ、合理的推論とハディース尊重の伝統主義との融合をはかった。主著は『論考』、『母なる書』。

アシュアリー(873~935)　合理主義神学と伝統主義神学の融和をはかり、スンナ派(44頁参照)を代表する神学の一つ、アシュアリー派をつくった。

ガザーリー(1058~1111)　スンナ派の思想家。シーア派(44頁参照)にたいして護教論をもって対抗し、スンナ派の確立に貢献した。さらにイブン・スィーナーの哲学を研究し、哲学にたいする批判を展開した。晩年はスーフィズムに傾倒した。主著は『宗教諸学の甦り』。

タバリー(839~923)　ハディース学の伝統にのっとり伝承の経路を明らかにしつつ、コーラン解釈書を書き、同じ手法で普遍的な歴史を書いた。主著は『コーラン解釈』、『使徒たちと諸王の歴史』。

シーバワイフ(?~770頃)　アラビア語文法学を確立したペルシア系の学者。主著は『書』。

マスウーディー(896頃~956)　自然・地理・歴史など博物学的な関心をいだく。自ら集めた資料と経験にもとづき、百科全書『時代の情報』を著した。

「理性的諸学問」の有名な学者たち

キンディー(801頃~866頃)　ムスリムの最初の哲学者とされる。「アラブの哲学者」とも呼ばれる。哲学だけではなく、広く「理性的諸学問」をおさめる。主著は『知性論』。

ファーラービー(870頃~950)　哲学者。アリストテレス研究をつうじて、イスラーム世界における哲学研究の基礎を築いた。新プラトン主義的な傾向が強い。主著は『学問総説』。

イブン・スィーナー(980~1037)　哲学者、医学者。アリストテレスの形而上学から出発して、独自の存在の形而上学を作り出した。哲学の主著は『治癒の書』、医学の主著は『医学典範』。ラテン名、アヴィケンナ。

イブン・ルシュド(1126~98)　アンダルス(スペイン)の哲学者。アリストテレスの哲学を研究し、ラテン語訳をつうじて、ヨーロッパ中世の諸王に大きな影響を与えた。主著は『宗教と哲学の調和』。ラテン名、アヴェロエス。

フワーリズミー(780頃~850頃)　数学者。インド数字から導入したアラビア数字と、その記数法を使っての計算法を確立した。主著は『代数学』。

ラージー(864頃~925/932)　医学者であるとともに臨床医としても有名であった。主著『包含の書』は、17世紀までヨーロッパでよく読まれ研究された。ラテン名、ラーゼス。

ジャービル・ブン・ハイヤーン(721頃~815頃)　錬金術師として高名な化学者。著作は多数伝わっている。ラテン名、ゲーベル。

『医学典範』(ローマ初版、一五九三年)

多方面にわたって発展していたことである。ハディース学とも連なる歴史学、文学やそれに関連する分野、現実的な意味をもつ統治にかかわる君主論的な政治学の分野、さまざまな知的好奇心を誘う博物学的な分野などに広がり展開していった。

ここで大事なことは、このように、イスラームにかかわる学問からなる知の領域と、それとは異なる文化伝統から発展してきた知の諸領域にわたって、多くの優れた人材と業績が、一五〇年から二〇〇年くらいの期間に数多くあらわれたことである。そして、知の諸領域が、それぞれ別々の領域として独立して存在していたのではなかったことも重要である。アラブと非アラブの壁をこえたイスラームの社会は、イスラームにかかわる知の領域を発展、深化させていった。それと並行して、ムスリムではないさまざまな出自の人びとの多くの助けを借りながら、イスラームにとっては古いものも、外からのものも、イスラーム社会全体として、自らのものとして消化し、発展させたのである。原典の翻訳も、たんなる翻訳をこえてムスリムの立場から、新たな選択、解釈、新しい知見が加えられていった。

そしてイスラーム社会全体からみれば、それら諸領域のどれもが、ムスリムたちによって担われ、アラビア語で表現されたがゆえに、すべてが融合してイスラームの知の全体をかたちづくったのだといえる。

このような複合的、かつ総合的な知の体系の成立を可能にした背景はなんだったのであろうか。文明は複雑な人間・社会現象の総称であるので、単純な要素分析や要因説明ではとても解明できるものではない。ここでいえることは、この時期のイスラーム社会は、経済的にも精神的にも、それを可能にするだけの余裕があったということだけである。その余裕、言い換えると「寛容性」が、衝突や軋轢《あつれき》をこえて、イスラーム文明の特徴ともいえる多様性と統一性を生み出していったのである。

③—知を伝える人・学ぶ人

ウラマー層の形成

さまざまな知識を含む広い意味での知を、自分のまわりの人びとや次世代に伝える人は、その人自身もそのような知をだれかから学んだはずである。天才と呼ばれるような人が出現する場合を除くと、知の領域の拡大と深化、言い換えると知の進化というものは、前代から受け継いだものを基礎にして、それを発展させるにしろ、批判的な観点から新たな見方を打ち立てるにしろ、何世代にもわたる集合的な知的努力により、社会に根づき広がっていくというかたちで実現されてきたものだといえる。そして、ある時点での、レベルの高い知識の「伝え手」は、時間を少し遡れば、そのような知の「受け手」、すなわち「学ぶ」人であり、前近代の社会では、両者は社会的にはほとんど重なり合っているといえる。

イスラーム世界と呼ばれる地域の知的活動の歴史をみると、それが「イスラーム世界」と呼ばれるとおり、「イスラーム」的ななにかがつねに大きな意味をもっていた。ムスリムがアラブ人中心であった時代にあっては、アラブ・ムスリムの宗教的関心や知的関心が中心であり、イスラームがアラブ以外の人びとに広まるようになると、その広がりと比例して、知的活動の範囲も担い手も広がっていった。

　イスラームの初期から八世紀末ころまでは、ウラマー（一八頁参照）と呼べるような人の数は、それほど多くなかった。彼らの関心は、ハディースの収集と、イスラーム法（シャリーア）にかんする諸問題▲（フィクフ）であり、活躍の場は、メディナとイラク南部のバスラとクーファ、それにカリフ王朝の首都であったダマスクスやバグダードに集中していた。神学も生まれたばかりであった。

　そのように限定された知的活動が、一気に拡大したのがアッバース朝治下の九世紀である。法学だけでなく、イスラームにかかわるさまざまな学問が発展し、ウラマーと呼ばれる人たちの数が急速にふえていった。そして、それらのウラマーたちが、イスラーム社会で一定の役割をはたすようになった。アッバース朝は基本的に、イスラームを統治の原理とする国家であり、イスラーム法による社会の統一と安定を謳っていた。そのため、法学につうじたウラマー▲を

▼イスラーム法にかんする諸問題
「フィクフ」は、もともと「理解」を意味したが、コーランやハディースで示されている神の意図を読み取り、それを現実の生活のなかで具体化するにはどうすればいいか、ということを考える知的な営為を意味するようになった。法学そのものもフィクフであるが、同時に、法学的思索と判断の結果として導き出された具体的な規定もフィクフと呼ばれる。

▼法学につうじたウラマー　法学者を含むウラマーがつくべき官職としては、裁判官（カーディー〈四五頁参照〉）や、都市の大きな金曜モスク（ジャーミウ）の礼拝の導師（イマーム）や説教師（ハティーブ）などがあった。

必要としていた。

また、経済の繁栄により、カリフをはじめとする支配エリートたちやそのほかの富裕な人びとなどが、ウラマーたちのパトロンとなって、勉学や教育に資金を提供した。とくに、首都のバグダードをはじめとする諸都市には、アラブ以外の民族出身のムスリムの人口もふえ、イスラームにかんするさまざまな知識の教育にたいする需要が高まっていた。都市では、ウラマーは教育をつうじて収入をえることができたし、教育が盛んになることによって、さらにウラマーになる人もふえていった。このようにして、ウラマーは、制度的には、聖職者階級をもたないイスラームの社会において、イスラームの知識をもった者として、一般のムスリムを宗教的に指導するだけではなく、社会全体の知的活動の中心的な担い手へと成長していったのである。

八世紀の半ば以降、コーランとハディースを中心にして発展してきたイスラーム諸学のなかでは、法学が第一の学問とされた。イスラームにおいてイスラーム法は、私たちの考える法よりももっと幅広いもの、もっと基本的なものと考えられていたということが重要な要因として作用している。人間個人の生き方から社会的な関係や社会のあり方にいたるまで、神の教えと、そしてそれを補完するムハンマドの教えや模範の総体を法と考えたのである。

このような立場にある法学者たちが、ウラマーたちの中核としての役割をはたすことになったのは当然のことであった。法学者を中心とするウラマー層は、アッバース朝時代になると、イスラーム社会の全体的な合意形成の中心となり、広大なイスラームの領域▲(ダール・アル＝イスラーム)に統一性をもたらす要素として機能するようになったのである。ウラマーたち自身も、かなり早い時代から宗教(イスラーム)の護持者であると自認していたが、彼ら自身のあいだで、すべての点で意見が一致していたわけはなく、観点や意見の違いはつねにあった。それにもかかわらず、イスラーム社会における宗教的そして知的活動の中心であると、広く認められるようになったのである。

▼**イスラームの領域**　イスラーム法学では、世界は二つ(三つ)の部分に分けられる。ムスリムが支配し、イスラームが優勢な地域は、「イスラームの家」(ダール・アル＝イスラーム)と呼ばれ、異教徒の支配する地域は、「戦争の家」(ダール・アル＝ハルブ)と呼ばれた。その中間に、一種の中立地帯としての「和平の家」(ダール・アル＝スルフ)が想定されることもあった。

ウラマー層の確立

観点や意見の違いは、例えば、九世紀前半のムウタズィラ派と、ハディースの伝統を重視する人びととのあいだの争いに典型的にあらわれている。この争いは、コーランをどのように解釈し理解するか、そしてどのようにあつかうかについての、理性主義者と伝統重視派の対立であったと考えることができる。また、イスラーム社会全体の指導権をもつのはだれかという問題で、現行のカリフ制度を認める多数派の人びとと、第四代カリフのアリーの血統こそがその指導権をもつと主張するシーア派▲とのあいだの衝突もあった。このような軋轢《あつれき》や衝突をこえて、それまでの歴史を肯定し、そこでつちかわれた伝統を重視する人びとが優勢となり多数を制して、スンナ派▲を形成することになった。

このようにして形成された多数派であるスンナ派のウラマー層は、いったいどのような人びとからなっていたのであろうか。さいわい中東のイスラーム世界には人名辞典▲の編纂という伝統があり、かなり古い時代から、ウラマーの個人的な情報が現代にまで伝えられている。ここでは、それらの史料によりながら、ウラマーの出自や社会的役割を概観する。

九世紀から十世紀にかけて数多く生まれてきたウラマーたちは、都市出身者が圧倒的に多い。これは都市人口のイスラーム化▲が九・十世紀に急速に進んだのにたいし、非都市部のイスラーム化はまだゆるやかに進行中であったという

▼シーア派　イスラームで最初の分派の一つ。第三代カリフのウスマーンが暗殺されたあと、カリフ位をめぐって、ムハンマドの従弟アリーとウマイヤ家のムアーウィヤのあいだで争いが起きた。そのとき、アリーを支持した人びとは「アリー党」（シーア・アリー）と呼ばれたが、のちにシーアとだけ呼ばれることになった。アリーとその妻でムハンマドの娘であるファーティマの子孫の血統に特別の宗教的価値を認め、そこからイスラーム共同体全体の指導者（イマーム）が選ばれるべきだという考えを発展させた。だれをイマームに選ぶかによって、いくつもの分派に分かれていった。九・十世紀には、シーア派は、独自の神学や法学などを発展させた。

▼スンナ派　「スンナとジャマーアの民」に由来。自分たちこそが、預言者ムハンマドのスンナ（慣行、あるいは模範）とジャマーア（信徒の共同体）を守ってきたのであるという自負をこめて、自らそのように名乗った。

状況を反映している。それに加えて、都市の経済的・社会的な発展があげられる。民族の多様性と文化の統一性、それに経済的な豊かさが加わり、バグダードは学問と教育の中心地として大きく発展した。

　さらにこの時代の特徴は、アッバース朝治下の広い地域に点在する各地域の諸都市においても、同じような現象が並行してみられたことである。都市の豊かな住民たちの子弟から、ウラマーへと育っていく者が多くでてきた。基礎的な学習は親元や地元の教師たちから受けるにしても、そこからさきの教育過程にも資金が必要である。経済的にある程度余裕がある層から、ウラマーの卵がで、そのなかからウラマーになる者がでてくるのは当然である。ウラマーとして成功した者のなかには、地方の比較的小さな町の出身者もいたが、彼らの多くもバグダードのような大きな中心地で、学問的経験を積んだり、その後もそのまま中心都市に住み着くのがふつうであった。

　アッバース朝はそれらのウラマー、とくに法学をおさめた者を、裁判官▲（カーディー）として採用し国家機構の一部に取り込むこともあった。しかし全般的には、ウラマーは国家から距離をおく自律的な立場を保持していた。カリフ

▼人名辞典　ハディースの伝承者たちの信頼性を検証するために、ハディース学では、伝承者たちについての諸情報が必要になった。そのため、世代ごとの伝承者の人名辞典が編纂されるようなり、さらに、例えば、地域ごとの名士辞典など、さまざまな人名辞典も編纂されるようになった。

▼イスラーム化　征服地における非アラブ諸民族のイスラーム改宗には、長い時間がかかった。中東の各地では、十世紀の半ばになって、ようやく全人口の半分くらいがムスリムになったと推測されている。一般に、改宗は都市部が早く、農村部の改宗はかなり遅れたと考えられている。

▼裁判官　イスラーム法の領域にかかわる事案の裁判官。支配者によって任命されたが、イスラーム法を管轄していたので、支配者からは、ある程度の距離を保つことができた。裁判の審理・判決だけでなく、判決の執行、契約文書の登記や認証、各種の法定後見人役など、多くの任務をはたした。

父と娘の争いを処理する裁判官

やそれに連なる支配エリートたちの個人的な支援を受けることはあっても、取り込まれてしまって御用学者のようになってしまうという例はあまり多くなかった。むしろムスリムの社会の支援と支持を受けていた、あるいは、それを期待することができたといえるであろう。

ウラマー層の変質

ウラマーの数がふえてくることは、彼ら自身の世界の内側の関係と、外の一般のムスリム社会との関係の両面で、良い意味でも悪い意味でも、社会性が高まるということを意味していた。ウラマーたち自身の社会の内側では、たがいのあいだの競争が厳しくなり、それにつれて、ある種の権威主義的な変化があらわれてきた。組織的な制度としてあったわけではないが、ウラマーたち内部で、序列づけがおこなわれるようになり、より高い権威をもつ者とそうではない者とのあいだには、ウラマー層内部だけではなく、外部の社会における評価や名声に差ができてきた。この社会的名声はウラマーにとっては収入の多寡というかたちで具体的な影響もおよぼすものでもあった。より裕福で有力なパトロンをもてるかどうかがかかっていたのである。また、ウラマーのサークルの内部においては、より強い権威とは、より強い影響力をもつということであった。弟子たちをつうじて学問における競争に勝った学者として高い評価をえても、権力からは超然としているようなタイプのウラマーも多くいたが、時間の経過とともに状況は変化していった。

十世紀にはシーア派の政治勢力の伸長という状況が生じてきた。イラク・イラン地方におけるブワイフ朝▲の興隆とエジプトを本拠とするファーティマ朝▲の拡大である。このような政治状況は、アッバース朝やスンナ派を奉じる各地の支配者のみならず、スンナ派のウラマーにも強い危機感をもたらした。それまで、政治権力とはある程度の距離をおいていたウラマーたちも、政治的支配者と危機感を共有することになり、あらためてスンナ派のイスラームこそが、真のイスラームであると主張しなおすことになった。

スンナ派全体としては、ムハンマドおよびそれ以降の正統カリフ時代、いくぶんかの留保つきでウマイヤ朝時代、そしてアッバース朝時代という歴史の流れをイスラーム史の正統とした。思想的にはムハンマドおよび教友(サハーバ)

▼ブワイフ朝(九三二〜一〇六二年)　イランからイラクにかけての地域を支配した、ペルシア系のシーア派(十二イマーム派)の王朝。バグダードも支配下にいれ、アッバース朝カリフから、アミール・アル＝ウマラー(大将軍)という称号をえて、実質的な支配権を握ったことにより、カリフ権と支配権をもつブワイフ朝という二重構造が生まれた。イクター制を施行して、イクター(分与地)の授受によって軍事力を維持するという制度を始めた。

▼ファーティマ朝(九〇九〜一一七一年)　十世紀初めに、シーア派の一派、イスマーイール派が、チュニジアで建国した王朝。支配者は「カリフ」を称した。十世紀後半には、本拠地をエジプトに移し、新首都カイロを建設した。勢力をシリアやメッカ、メディナのあるヒジャーズ地方に伸ばし、弱体化していたアッバース朝を脅かした。

たちの教えと解釈を正しいものとする伝統主義的な立場を再確認した。社会的には、ムハンマド在世中のメディナ時代以来、多数のムスリムが承認してきた諸制度や諸慣習をイスラームとして再承認することによって、秩序と安定を維持していこうと考えた。

そのような枠組みのなかで、カリフと各地の実質的な支配者の関係、各地の支配者のあり方などが論じられるようになった。政治的支配者たちも自らの支配の安定のために、安定的なイスラーム勢力としてのスンナ派と連携を深めようとした。このようにして十一世紀以降、各地の支配者たちのあいだでスンナ派イスラームの護持を掲げる政権(軍事的な性格の強い政権が多かった)が誕生した。それらの政権のもとでスンナ派のウラマーが政治的・社会的なかたちで、それまでとは異なる役割を担うようになった。裁判官として政権に採用される者や、さまざまな場における教師として、あるいは、モスクの儀礼▲にかかわる礼拝の導師・説教師としてなど、なんらかのかたちで収入につながる立場の人びとも急速にました。さらに十一世紀後半から、各地にマドラサ(七〇頁参照)と呼ばれる教育施設が建設されるようになったが、そこに教師や管理人その他

▼**モスクの儀礼**　モスクの儀礼にかかわる任務としては、集団礼拝の先導役となる礼拝の導師(イマーム)、金曜日の正午の集団礼拝時の説教師(ハティーブ)、コーランの読誦師(カーリウ)、礼拝の時刻を告げる役(ムエッズィン)などがいる。そのほかに、モスクの備品の調達や掃除など、日常の業務の管理をおこなう役もいた。

のかたちで雇用される人もふえていった。

この種の雇用が拡大するとともに、ウラマーの専門的職業化が進んだ。ウラマーとは、学問の修業と直結するような職業につく社会層であるといえる状況になっていた。十一世紀の後半以降、スンナ派の優勢が確立して各地で教育が発展し、支配権力による保護がますにつれ、このような状況がいっそう促進された。そしてまた、ウラマーの人材の補給も地理的に拡大していった。マムルーク朝時代のウラマーの研究によれば、ウラマーと社会的に認められる人びとの出身地は、カイロのような大都市だけではなく、地方都市、さらには小さな町や村にまでおよんでいる。しかし、勉学の場としては大都市が中心であり、また、その後の職業生活の場としても、地方に比べれば、圧倒的に関連する職をえられる機会の高いのが、首都のカイロであった。このことはウラマーあるいはその卵の出身地は地理的に拡大したが、職業としてのウラマーの雇用機会は大都市に偏在していたということを示している。

また、ウラマーの職業化はウラマー層の底辺の拡大につながると同時に、他方では、三世代以上続く有力なウラマーの家系が各地に生まれてくるという現

▼マムルーク朝(一二五〇〜一五一七年)　エジプト、シリア、ヒジャーズ地方を支配した、主としてトルコ(テュルク)系のマムルーク(解放奴隷の軍人)の王朝。首都はカイロ。十四世紀に最盛期をむかえ、カイロは経済的に繁栄し、また、イスラーム世界の学術・文化の中心となった。

▼カイロ　カイロのような首都級の都市は、王朝国家や地域のなかでは、人口や経済力でずば抜けた存在であった。そのため、宗教的・教育的施設も、周辺の中小の都市とは比較できないほど多かった。

象をもたらした。これは、ウラマーとしてえた社会的な名声を家族のあいだで守ろうとする心理が働いたためと考えられる。そしてそのような名門ウラマー家族を中心として、地域的なウラマーのネットワークが形成される例が多くあった。

新しいかたちでのウラマーの雇用は、政権による直接雇用やそれに類するものもあったが、多くの場合、支配エリートや大商人などが資産や資金を提供して作り出したワクフ▲というイスラームに独特の信託財産制度による、宗教的・教育的施設の建設をつうじて生み出された。言い換えると、国家とウラマーが直接に結びつくのではなく、ワクフの創設者となっているエリート層とウラマーとの結びつきが強化されるようになったのである。そのようなエリート層のなかでは、政治的な支配エリートがもっとも有力であったために、ウラマーが国家に取り込まれたかのようにみえるが、実態としては、両者の関係はもっとゆるやかなものであったといえる。しかし、このような過程は歴史的には着実に進んでいき、十六世紀以降のオスマン朝▲においては、ウラマーの階層序列の上のほうは、ほぼ完全に国家の制度と組織に取り込まれるようになっていくの

▼ワクフ　ある財産（主として不動産）の所有者が、その物件の用益権・処分権の使用を永久停止（ワクフ、すなわち放棄）して、その物件からの収益を、特定の目的のためにのみ使うことを法的文書として登記する制度。この制度が、イスラーム社会の慈善的・社会福祉的・宗教的・教育的な施設やシステムを支えた。

▼オスマン朝（一二九九〜一九二二年）トルコ系の集団によって、アナトリアに建設されたイスラーム国家。十六世紀に中東の広い地域に拡大し、アラブ地域もその領域に組み込まれた。十六世紀以降、イスラーム国家としてイスラーム法にもとづく支配を標榜し、法学者を中心とするウラマー層を、国家機構のなかに取り込み、司法と地方行政を担わせるようになった。

●——十〜十二世紀のイスラーム世界

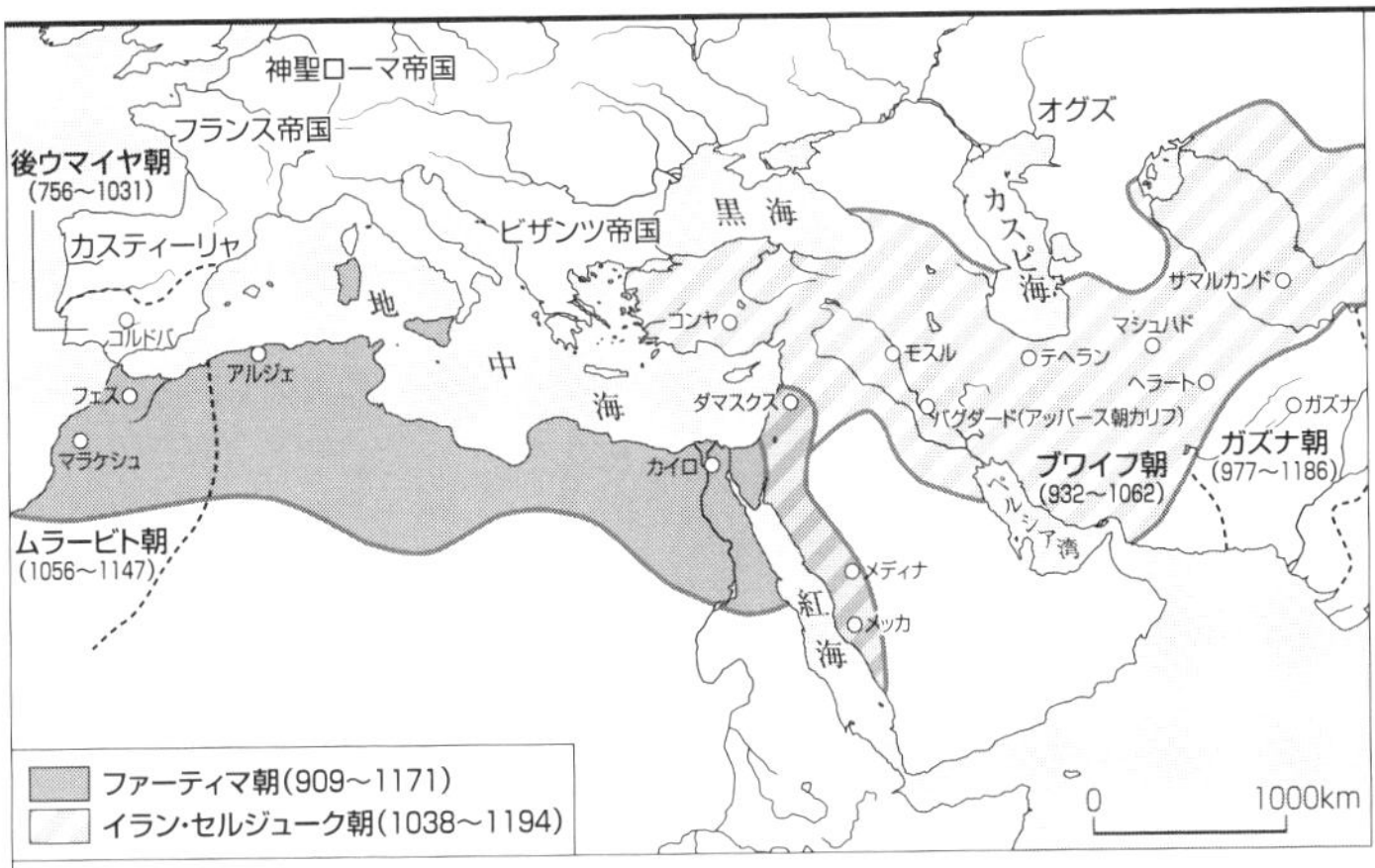

●——十四〜十五世紀のイスラーム世界

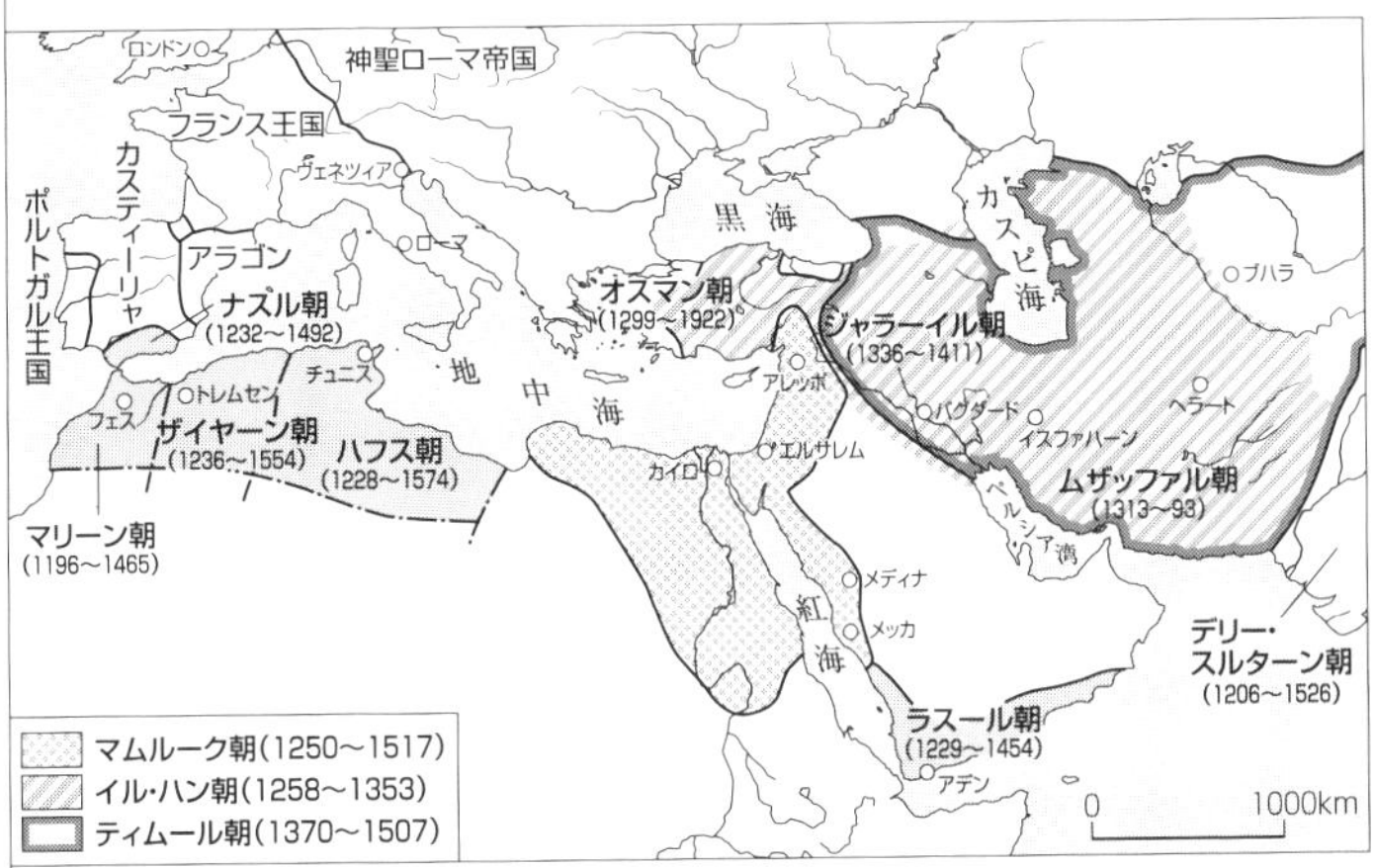

●——十六〜十七世紀のイスラーム世界

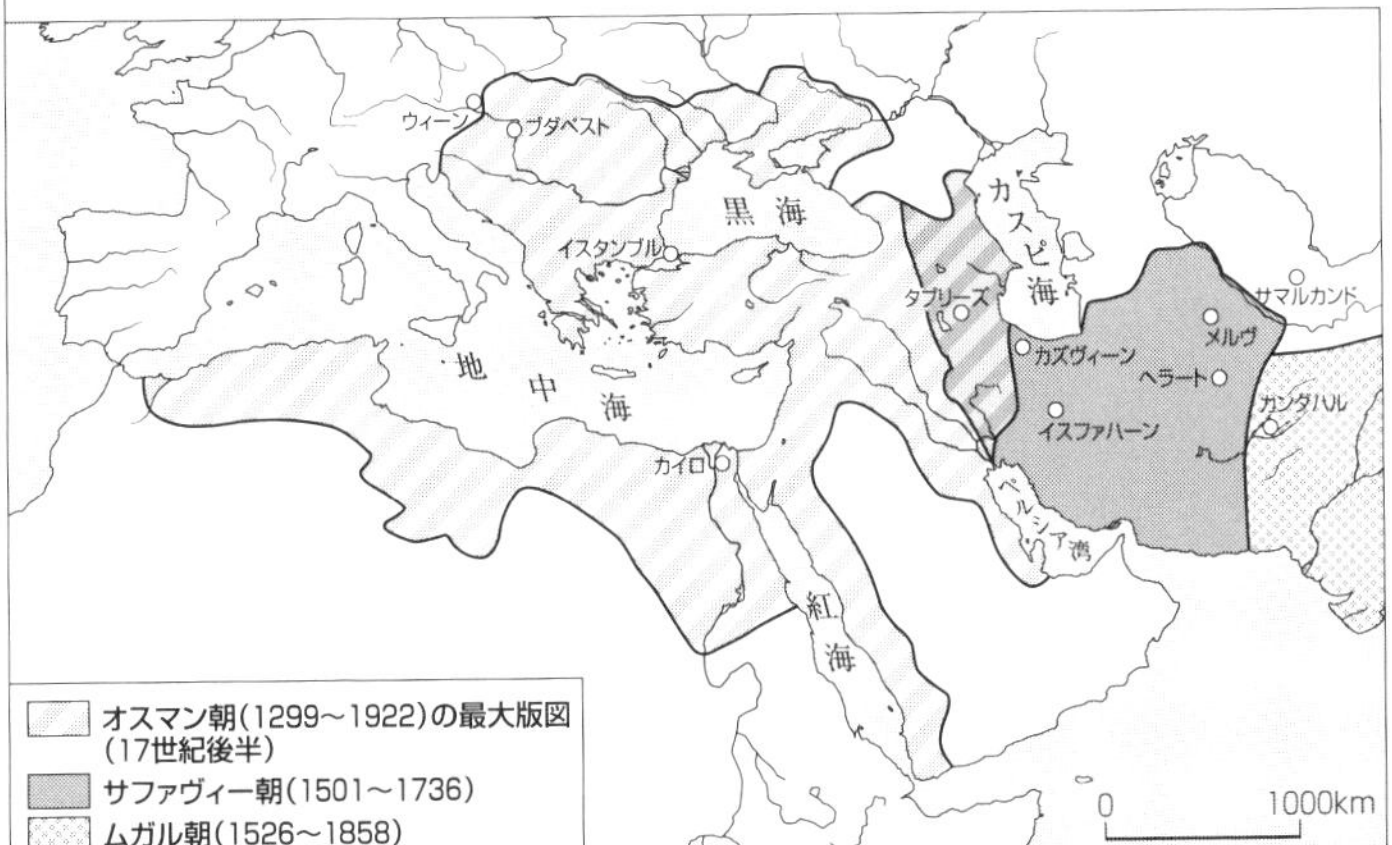

である。

　また、ウラマー層全体の数の増加、社会的関係における立場の変化、スンナ派の安定的優位、雇用の増大によるウラマーの職業化など多くの社会的・経済的な要因がかさなって、ウラマー層全体に、保守的な傾向がみられるようになっていった。

法学派の形成と発展

　十・十一世紀以降の変化したウラマー層のあり方を典型的にあらわしているのは、イスラーム法学における法学派▲と呼ばれる存在である。現在、多数派であるスンナ派は、四つの法学派を正統な法学派として認めている。歴史を遡ると現在の四法学派だけでなく、いくつもの法学派が存在したが、それが淘汰され、十一・十二世紀ころから現在の四つの法学派に絞り込まれてきた。そもそも法学派とは、「特定の法学者を開祖として、後継者たちが師から弟子へと順番に、師の見解や法規定発見の方法論を伝えていくことで成立する学者の集団」であると定義されている。法学派は創始者とされる人の名前を冠するのが

▼法学派　法学の分野では十一世紀までは、意見や解釈の違いにより、多くの法学派があったが、しだいに勢力関係がかたまり、スンナ派では、ハナフィー学派、マーリキー学派、シャーフィイー学派、ハンバリー学派が生き残った。これら四つの法学派が、正統四法学派として今日まで続いている。四法学派間には簡単にいってつぎのような特徴がある。ハナフィー学派は、法解釈において、個人的な判断(ラアイ)を重視するために、比較的柔軟性があるとされている。イスラーム世界でもっとも広く採用されている。マーリキー学派は、メディナの法慣行を重視するとともに、地域の慣習法も認めるという面がある。マグリブで優勢である。シャーフィイー学派は、コーランと預言者のスンナ(慣行)を重んじるとともに、キヤース(演繹的推論)やイジュマー(合意)を厳格に定義し、法規定をつくる方法を確立した。現在は、東南アジアや東アフリカで優勢である。ハンバリー学派は、法的規範の根拠をコーランとスンナにだけ求める厳格な正統主義を主張した。現在は、サウジアラビア王国の公式教義として採用されている。

ふつうであるが、その創始者自身によってつくられたものではなく、後継の法学者たちが何世代もかけて、学説を整理し体系化していくうちに成立したものである。法学派は組織化された制度ではないので、同じ法学派でも統一的な見解や行動で縛られることはなかった。同じ法学派の実質的な絆は、師弟関係を基礎にして作り上げられていた個々の法学者のネットワークであった。

法学派間の関係は、学説の違いによってたがいに対立する要素があるために、対立あるいは競争が基本的な関係であるかのように考えられがちであるが、ことはそれほど単純ではなかった。特定の法学派に属すると自認している法学者であっても、他の法学派の見解を特定の事柄については承認するということはよくあった。さらに法学派がかたまった十三・十四世紀になっても、学習の過程で複数の法学派について学び、それぞれの理論や見解につうじているような人も多くいた。

本書が問題としている十六世紀以前の時代にあって、法学派は、ウラマーたちにとってその存在意義をしだいに高めていった。各法学派は自らの社会的影響力を守り、さらには拡大しようとした。ことにウラマーの職業化が進展した十二世紀以降にはこの傾向が強まる。法学派間の競争は、教育を促進する要因ともなった。さらに、個人レベルでみると、法学派への帰属は、厳しい競争にさらされるウラマーの世界では、ウラマー個人の一種の社会的安全保障という面もあった。地域ぐるみで特定法学派が優勢となっていく状況が進んでいくと、ますますその法学派への帰属による依存は高まっていった。

そのこととは別に、法学者を中心とするウラマーたちのあいだの対立や競争は、所属する法学派間の対立や競争だけがその要因ではなく、その他の諸関係、例えば、師弟関係や名門ウラマー家系を中心とする人間関係などが織り成すウラマーのネットワーク、また、支配エリート層との関係などが、大きな要因として作用していた。知的活動という側面からみると、法学派の影響力が個々のウラマーにたいして大きくなればなるほど、知的な成果は陳腐なものとなり、重箱のすみをつつくような議論しか生まなくなるというネガティヴな側面もでてくるようになった。

▼スーフィー　粗毛の着物（スーフ）を着たため、スーフィーと呼ばれるようになったといわれている。禁欲主義的な傾向とともに、神秘主義的な面ももち、ある種の修行により、内面的に自己を純粋化し、神の道に近づくことができる、あるいは神の恩寵を受けることができると考えた。そのような人びとの考え方および信仰実践は、総称して「タサッウフ」と呼ばれた。スーフィーの活動が、民衆に浸透することにより、民衆のイスラーム化が深まった一方で、それぞれの土地の土着的な考え方や習俗が、イスラームに入り込んできた。図版は、打楽器のリズムに合わせて踊りつづける、陶酔的な忘我の境地に達しようとしているスーフィーたち。

スーフィーたち

十世紀ころから、イスラームのなかに、イスラーム法だけを信仰の指針とするのではなく、より内面的なものも重視すべきであると考える人たちがあらわれてきた。「スーフィー」▲と呼ばれる人びとである。スーフィーたちの考えは、さまざまであるが一括してスーフィズムと呼ばれている。そのなかには、学問的なイスラームに対抗するようなものもあった。

このスーフィズムの基本は内面的な信仰の深化であるが、それを実際の体験をつうじて実感するためのさまざまな形態の修行や儀礼が発達してきた。十一・十二世紀にはそのことをわかりやすいかたちで民衆に説く人たちもあらわれ、民衆にスーフィズムを広めるようになった。スーフィーとその弟子たちの集団が生まれてきたということである。スーフィズムにおける師と弟子の関係は、内面的な信仰を深めるという本来の目的からして、知的な活動というよりも、信仰実践的な側面で成り立っていた。

しかし、それだけではなく、スーフィー的な知の伝達という側面もあった。スーフィズムが民衆に広まるようになると、弟子にあたる人たちの多くは一般

▼スーフィーたちの修行と教育の施設　ハーンカー、ザーウィヤ、リバートなどと呼ばれた。地方によって名称の違いがあるとともに、規模などによっても名称が異なったようである。ハーンカーが比較的大きな施設を指すことが多い。写真はカイロにあるマムルーク朝のスルターン・バイバルス二世の建てたハーンカー（十四世紀初め）。

の民衆である。字の読める人もいたが、読めない人のほうが多かった。多くの本が書かれたが、その内容を話して教えることのほうが多かった。ムスリムであっても、表面的な理解と信仰実践しかもたなかった農民や都市民など、多くのふつうの人たちのイスラームへの理解を高め、信仰を深めることに役立った。

さらに、専門的なスーフィー的知識を学び、実践的な鍛錬を積むために、他の宗教諸学と同じような教育のシステムが十二世紀くらいから発達してきた。そしてそのための専門的な施設▲もつくられるようになった。それはスーフィーの信仰実践の修行場であると同時に、スーフィズム的知識を教え学ぶ場でもあった。そこでは民衆を指導する、知的にもレベルの高いスーフィーたちが養成された。

スーフィーとウラマーの対立という側面は初期にはまったくなかったわけではないが、広い視野でみれば、スーフィズムとイスラーム諸学は共存し、両者とも身につけている人が多数でてくるようになった。その過程でスーフィズムの知的側面や教育的側面が、ムスリム社会の幅広い層に大きな影響を与えるようになったのである。

●—説教をするスーフィー　スーフィーの師のもとに多くの人がハーンカーやザーウィヤなどのスーフィー施設に集まり、講話を聞いた。モスクと同じように男女別席であいだに仕切りがおかれた。

●—スルターン・バイバルス二世のハーンカー（カイロ）　中庭の奥の屋根の下で講義がおこなわれた。

イブン・スィーナー（中世ヨーロッパの木版画から）

さまざまなタイプの知識人

これまで述べてきたウラマーたちと対比的にみられることの多い、他の分野の知識人たちもいた。イスラームの知（イスラーム諸学＝「伝達の諸学問」）にたいして、哲学を頂点とする「理性的諸学問」と呼ばれる知の体系の担い手たちや、アダブ的な知の担い手たちである。

初期の哲学者やその他の「理性的諸学問」の学者たちの、社会的出自や教育や経歴については、わかっていないことが多い。しかし、九世紀から十世紀にかけて、「理性的諸学問」がさかんになるにつれ、哲学者についての記録も、ウラマーと比較すると少ないとはいえ、少しずつふえてくる。その数少ない情報によれば、古代ギリシアに由来する哲学を筆頭とする諸分野への重要な入り口の一つとして、医者という実践的な職業につうじる医学が考えられる。イブン・スィーナー（三七頁参照）も職業的な医師・医学者であると同時に、哲学者としても高名を馳《は》せた。彼の場合も、医学の研鑽と並行したかたちで哲学やその他の「理性的諸学問」へと道を広げていったものと考えられる。

一般的に、哲学の道はムスリム中心の社会では、ある程度の困難をともなう道であった。それにもかかわらず、ネストリウス派出身のフナイン・イブン・イスハーク（三五頁参照）のような人物が取り立てられ、ギリシア古典のアラビア語への翻訳事業を任されたということは、アッバース朝のカリフや支配エリートたちの知的な好みの問題だけでなく、社会全体の知的雰囲気、大きくいえば、文化や文明の質といったものがあればこそのことだといえるであろう。

　このように発展してきた哲学を初めとする「理性的諸学問」も、十二世紀になるとかげりをみせてきた。これ以降の時代に高い成果をあげたのは、スフラワルディー（一一五五〜九一）やイブン・アル＝アラビー（一一六五〜一二四〇）といった人びとを頂点とする神秘主義哲学の分野くらいである。そのような例外を除くと、イスラーム社会全体からみると、とくにスンナ派世界では、「理性的諸学問」は全般的に停滞▲の時期にはいった。他方、シーア派世界では、哲学は神学に深く浸透し、その結びつきが強まった。

　前にも述べたように、イスラーム諸学とも、哲学などの「理性的諸学問」とも異なる性格をもった知のジャンルとして、アラビア語で「アダブ」という分野があった。アダブは現代語でいうならば、人文主義的な教養的知であるとと

▼**「理性的諸学問」の停滞**　そのような一般的な傾向にもかかわらず、イスラーム諸学と哲学の結びつきは、ある面ではしっかりとしていた。その例として、十四世紀のスンナ派の神学者イージーは、哲学を神学に取り入れて、言い換えると、神学を哲学化して、スンナ派の神学史に大きな功績を残した。

もに、実践的な社会的知も含まれていた。このような知の担い手は当然のことながら、独自の社会的性格を有していた。

アダブの主要な要素の一つである文学の分野では、詩がとくに重要であった。詩の伝統は、イスラーム以前のアラビア半島から連綿として続いており、それがイスラーム時代にはいってから文学論の対象として詳細に論じられるようになった。教養としての詩をつくり楽しんだのは、都市の裕福な教養のある層であった。詩の才能があると認められたものには、支配エリートや豊かな商人層などのための頌詩（褒《ほ》め讃える詩）をつくって金銭を受け取る機会などがあった。

詩だけでなく、もっと幅広いテーマをあつかうものもあった。そのような分野の代表者として、さまざまなテーマの本を書いたジャーヒズ▲という人物がいる。ジャーヒズはバスラでイスラーム諸学をおさめたのちに、アッバース朝カリフに才能を認められ取り立てられた。高い才能をもつが、博識を売り物にするようなところもあるジャーヒズも、社会的には、当時力をましてきたペルシア人たちに対抗して、アラブの伝統文化を守ることに貢献した。そのような点で、文学者もまた社会や政治とどこかで深くつながっていたといえる。

▼**ジャーヒズ**（七七六頃～八六八／八六九）　文学者。古典的な散文文学（アダブ）を築いたとされる。エチオピア系であったといわれるが、当時興隆してきたペルシア人の文化活動に対抗して、アラブの文学的伝統を守ろうとした。博識で、ペルシア人を風刺した『けちんぼども』など、多くの著作がある。

書記　帳簿になにかを記入している書記。官僚はアラビア語で「カーティブ」（書記）と呼ばれ、文書の作成や税務関係の記録など、専門的な知識の必要な任務を担った。

アダブのジャンルに含まれるものには、官僚の書いた官僚実務の手引き書の類もあり、九世紀後半以降、数多く書かれている。公式文書の作成や公式行事や宮廷儀礼の執り行い、課税や徴税そして税務の帳簿の作成など、官僚が取り扱う任務の多くは極めて技術性の高いものが多く、その技術は官僚になる者たちの家系のなかで伝えられてきたものが多い。そして、官僚技術はイスラームという宗教そのものとは独立したかたちで存在していたので、医者などの職業と同様に、官僚という職業は新改宗者や非ムスリムにも開かれていることが多かった。このような新改宗者・非ムスリムの官僚たちとその家系は、官僚技術に特化することにより、ムスリムが多数を占める社会における自らの社会的存在意義を高めようとしたのであろう。

アダブというジャンルの知は多様性に富み、イスラーム文明の吸収力の高さとともに、その種の知の担い手たちに、社会的な存在意義を与えるだけの幅の広さも示している。

ここまでみてきた知の担い手たちは、それぞれ自らの知の領域をもち、それをムスリム中心の社会で、なんらかのかたちで活用することにより、自らの社会的存在意義を高めようと努めた。そのようにみると、それぞれのジャンルの知はそれぞれ別々に独立して存在していたかのようにみえるが、現実の知のあり方はそればかりではなかった。例えば、イスラーム法学の学者たちは、その学習の過程で、かならず論理学を学ぶ。その論理学はアリストテレスの論理学である。そのことを意識しようとしまいと、ウラマーとして認められている法学者の知のなかには、「理性的諸学問」に属する知がごく当然のこととして入り込んでいるのである。前近代のイスラームの知識人たちの多くは、いくつかのタイプの知を自らの内側のものとしてもっていたのである。

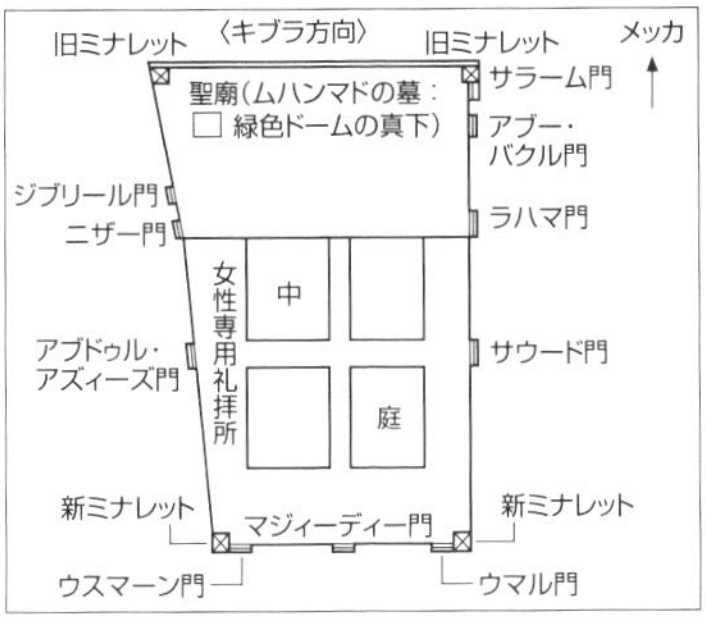

▼ムハンマドのモスク　ムハンマドが六二二年にメディナに移住(ヒジュラ)してまもなく、ムハンマドの住居兼礼拝所(モスク)兼集会場にあたるものが建設された。ムハンマドのモスクといわれるものは、最初はムハンマドの住居の庭であったと伝えられる。

④―知の伝達の場と方法

教育の場

モスク(マスジド)の本来の目的は、礼拝(サラート)の場であることにある。しかし、礼拝以外の時間には、それ以外のさまざまな目的に使われた。預言者ムハンマドがメディナにつくったモスク▲は、ムハンマド自身の礼拝の場であるとともに、ムスリムたちの共通の礼拝の場所でもあり、同時に彼らの会合の場所でもあった。このような最初期からの伝統を受け継ぎ、ある地域のモスクは、その地域に住むムスリム住民の共通の施設として、ある種のコミュニティ・ホールのような使われ方をした。またムスリムたちが個人的な用のために、モスクの空間を使うことも認められた。宗教的に禁じられていることでなければ、たいていのことは許された。

イスラームの知識の伝授のような、宗教的に価値があることのためにモスクを使うことは、ハディースにより、意義のある行為として奨励された。ムハンマド時代のモスクでの教育はムハンマド自身が中心であり、また彼に近い教友

（サハーバ）たちが、ムハンマドにかわって人びとに教えることもあったと考えられる。

　モスクが、教育の場としての役割をより明確にはたすようになるのは、ムハンマド死後のことである。モスクが児童たちの基礎的なコーラン教育の場として使われるようになり、多くのモスクでコーラン学校が開かれるようになった。児童のためのコーラン学校はクッターブ▲と呼ばれるが、ウマイヤ朝時代には、クッターブは確立した教育の場として機能するようになっていた。ウマイヤ朝中期には、すでに三〇〇〇にもおよぶクッターブが存在したとも伝えられている。その多くは、モスクに付属するかたちであったという。付属といっても、モスクとは別の建物がつくられたわけではなく、モスクの建物あるいは前庭を教場として利用したのである。

　成人を対象とした教育においても、モスクは早い時期から重要な役割をはたした。あるハディースによれば、モスクにおいて、ムハンマドを中心にして人びとが車座になって座って話を聞くことがあったという。このハディースで使われている、座って話をしたり聞いたりする集会を意味する「マジュリス」や、

▼クッターブ　児童のためのコーラン学校を指す言葉としては、「マクタブ」という語も使われる。近代的学校制度の小学校が紹介されたあとも、モスクやその他の場所での児童のコーラン教育は引き続きおこなわれ、それもクッターブと呼ばれている。

ミンバル

車座になって集まる会を意味する「ハルカ」という語が、のちにモスクでの教育的な集会を意味するようになった。ウマイヤ朝の半ば以降、各地のモスクで、マジュリスとか、ハルカと呼ばれる集会が数多く開かれるようになった。多くの場合、そのような教育的な集会は、教師の名前をとって「某先生のマジュリス」とか「某師のハルカ」と呼ばれた。

モスクでの講義や授業、すなわちマジュリスやハルカは、毎週同じ曜日の同じ時間に、同じモスクの同じ場所で開かれるようになった。モスクの平土間に、教師を中心にして車座になって座るのが通例であった。教師はモスクの柱にもたれたり、時には立ったままで講義をおこなった。聴衆、すなわち学生の数が多いときには、説教壇（ミンバル）の上に教師が座り、学生たちより高いところから講義をおこなった。

モスクにおける教育の内容は、イスラームにかかわる学問や知識であれば、どんなものでもよいとされた。イスラームの学問ということになれば、当然、コーランやハディースに関連する内容、さらに専門的な講義になると法学にかんするものや、アラビア語学にかんするもの、コーラン読誦法にかんするものなど、教師になる人が得意とする分野が、まったく自由に話された。つまり、モスクにおける教育というのは、そこで教えようとする人の学問的な力量と選択に任されていた。あるモスクで、講義をおこなう人がたくさんいたとしても、それらの講義を全部合わせても、とくになにかを系統的に学べるというわけではなく、聞き手である学生の側としては、個々の教師のなかから、自分の聞きたい講義をする教師を選ぶというだけのことであった。教師と学生の個別的で個人的な関係が、前近代のイスラームの教育の特徴であった。

十一・十二世紀になると、スーフィズムが発達してきて、とくに十二世紀ころからスーフィーたちの修行と教育の施設(五六頁参照)が各地につくられるようになった。それらの施設では、師にあたるスーフィーが弟子たちに、修行の方法を教え、その修行がどのような意味をもっているかを教えた。おそらく初期のうちは、スーフィズムの信仰実践とその訓練の場に限定されていたのであろうが、十二・十三世紀と時代が進むにつれ、それ以外のいわゆるイスラーム諸学も、同じ施設で教えられるようになった。初期には、比較的はっきりしていたスーフィーとウラマーの区別が、時間の経過とともに、まじり合うように

●——**コーラン学校**　二人の教師の議論を聞いているところ。教師は台の上に座り、生徒たちは下に座った。

●——**講義風景**

公共図書館

▼知恵の館　アラビア語で「バイト・アル＝ヒクマ」。アッバース朝カリフのマアムーン（在位八一三〜八三三）により、ギリシアの哲学や諸科学の文献の収集・翻訳・研究を専門におこなうことを目的に建設された。十一世紀初めに、ファーティマ朝がカイロに建設した「ダール・アル＝ヒクマ」は、内容的に、バグダードの「知恵の館」を継ぐものとされる。

なり、ウラマー的な学識もスーフィーにとって大事なものと考えられるようになったためであろう。例えば、マムルーク朝治下のカイロの大きなスーフィー施設では、コーランやハディースにとどまらず、法学まで教えられていたと伝えられている。このようなことは、十三・十四世紀には、ごくふつうのこととなったようである。

教育の場として使われたのは、モスクのような宗教的施設だけではない。児童のためのコーラン学校は、個人の住宅や庭、店舗、空き地など、さまざまな空間を利用して開かれた。また裕福な家庭や支配エリートの子弟には、家庭教師がつけられることがよくあったが、そのような教育は、生徒の家や宮殿などでおこなわれた。家庭教師は「ムアッディブ」と呼ばれることが多いが、その意味は「アダブ」を与える人で、文字通り、教養やしつけや礼儀作法など、さまざまな内容を含むアダブの教育がおこなわれた。もちろん、イスラームの諸学問に特化した家庭教師も多くいたことはいうまでもない。

「理性的諸学問」の教育の場としては、図書館や病院などがよく使われた。図書館の代表的な例は、九世紀前半にバグダードにつくられた「知恵の館▲」であるが、そこにはアラビア語に翻訳された哲学など「理性的諸学問」のテクストが集められており、翻訳作業とともに教育もおこなわれた。病院では、ジュンディーシャープールの病院▲の例にもあるとおり、医学が研究されるだけではなく、それを入り口として「理性的諸学問」のさまざまな分野の研究と教育がおこなわれた。

　知の伝達の場を地理的にさらに拡大したのは、イスラームでとくに発達していた「知識を求める旅」という学び方である。ハディースを求めて各地を旅することが始まりであるが、ハディース学者以外の人びとも、学問を求める旅をした。また、メッカ巡礼も学問の旅とかさなることが多かった。どこかになにかの分野で優れた人がいると聞くと、その人の住んでいるところを訪れ、教えを請うという学問修業の方法が推奨されたためである。十四世紀のイブン・バットゥータ▲の旅行記などに、そのようなようすがよく書かれている。このようなあり方は、知の伝達範囲を拡大するのに貢献したが、十一世紀くらいを境に学問の旅は、全体としては減る傾向にあった。教育の場が大きな都市に集中する度合いが、その意味で高まったということでもある。

▼ジュンディーシャープールの病院　イラン南西部の都市にあった病院兼研究所のような施設。サーサーン朝時代から、医学だけではなく、古代ギリシアおよびヘレニズムに由来する諸学問の研究と教育で有名であった。アッバース朝時代に「理性的諸学問」の学者たちを輩出した。

▼イブン・バットゥータ（一三〇四〜六八／六九、あるいは七七）　旅行家。生地であるモロッコのタンジールからメッカ巡礼の旅にでて、二〇年後に帰国するまで、中東、東アフリカ、インド、そして、中国まで訪れたとされている。その後、イベリア半島やサハラ以南のアフリカにまで行っている。その長大な旅の記録は、口述筆記で残された。そこには、旅の途中での学者訪問などの記事もみられる。

マドラサの創設と発展

　十一世紀後半には、ある意味ではモスクにおける教育の発展したかたちとして、また別の面では、それとは異なる機能をもつ、マドラサと呼ばれる教育に特化した施設が出現するようになった。マドラサとは、おもにイスラーム諸学を対象とする寄宿制の高等教育施設であると定義されている。イスラーム諸学といっても、ほとんどのマドラサでは、法学を中心とした教育がおこなわれ、それ以外の科目として、ハディース学や神学、コーラン関連の諸学、アラビア語学などが教えられた。

　マドラサがいつどこで創設されたかということははっきりしていないが、十世紀後半に、イラン東部のホラサーン地方で、その地の支配者であったトルコ(テュルク)系の軍人がつくったという説が伝わっている。発祥はともかくとして、最初期の本格的なマドラサとして知られているのは、十一世紀後半にセルジューク朝の宰相ニザーム・アル＝ムルク▲が、バグダードに設立したマドラサ・ニザーミーヤ(ニザーミーヤ学院▲)である。その後、十二・十三世紀以降、マドラサ建設は、イラクからシリア、アナトリア、エジプト、さらにマグリブ

▼ニザーム・アル＝ムルク（一〇一八〜九二）　セルジューク朝の第二代スルターン、アルプ・アルスラーンと第三代マリク・シャーの宰相を務め、同王朝の支配の基礎をかためた。君主の統治の心得を説いた『政治の書』の著者としても有名である。政権に反対するイスマーイール派により暗殺された。

▼ニザーミーヤ学院　ニザーム・アル＝ムルクがバグダードを初めとするイラン各地に建設したマドラサ。とくにバグダードのニザーミーヤ学院は、その後イスラーム世界各地で発展したマドラサのモデルとなった。十一〜十二世紀の思想家ガザーリー（二七頁参照）が教師を務めたことでも有名。

▼カリフ制とスルターン制　カリフ制が弱体化した十一世紀に、バグダードを制圧したセルジューク朝の君主は、自らをスルターンと称し、形式的には、カリフの上位権を認めたが、実質的には、支配権を握った。アッバース朝が滅亡するまでの体制をスルターン・カリフ制と呼ぶ。

地方へ、東では中央アジアやインド方面へと広がっていった。

マドラサの建設が、十一世紀末以降、各地でさかんにおこなわれるようになったのはなぜだろうか。多くの歴史研究者がこの問題に取り組んできた。これまで有力だった説によれば、スンナ派の復興を担った政治的支配層が、スンナ派の教義により社会のイデオロギー的統一と安定化をはかろうとし、それを実現するための教育的施設として、マドラサ建設を推進したのだとする。そして、スンナ派の優勢が確立した十一世紀は、カリフ制が弱体化し、スルターン制▲という新しい支配体制が広がってきた時期である。このような情勢にあって、新しい体制の支配者たちは、支配の正当性をイスラームにより強く求めるようになった。そのために、ウラマー層と協力関係をもつとともに、司法を中心とする国家の機構で働く、より多くのウラマーを必要とするようになった。そのようなウラマーを養成・保護するとともに、彼らを統制するために、マドラサを初めとして、多くの宗教的・教育的な施設がつくられたのである。

一般的な歴史背景の説明としては、このような考えは、ある程度の説得力をもつが、実際のマドラサの教育の担い手となったウラマー層のあり方や、マドラサがはたした社会的な役割をみるには、あまりに一般的な説明で、実証性に乏しいという批判もある。ウラマー層のあり方という点からみると、ウラマー層が、その数的な充実と社会的権威の向上により、新しい教育の専門的施設としてのマドラサをはじめとする、多くの宗教的・教育的施設を、十分に支えうるだけの力をもつようになっていたことがわかる。マドラサという形態も、そのような状況のなかから生まれてきたもので、支配エリートたちの経済的支援も、状況に合わせて選択していった結果でしかないとみることもできる。

マドラサの特徴は、それまでのモスク中心の教育と比較して、どのような点で異なっていたのであろうか。マドラサ以前のモスクにおける教育的な集会であるマジュリスは、基本的に個人的なものであった。すなわち、知識の与え手（教師）にしろ、聞き手（学生）にしろ、参加者はすべて個人がそれぞれの自由な意思でそこにいるのであって、その関係は、組織的・制度的な仕組みの上に成り立っているのではなかった。しかし、マドラサでは、学生はそのマドラサにはいったら、そのマドラサの教師の授業をとらなければならない。そこには選択の自由はない。マドラサを選ぶということは、すなわちそこの専任の教師を

▼スルターン・ハサンのマドラサ　十四世紀半ばに、マムルーク朝スルターンのハサン(在位一三四七〜五一)により建設されたマドラサ。スルターン・ハサンのマドラサとして知られている。建物の規模としては、最大級のマドラサの一つである。ハサンの墓廟も内部にある。

イーワーン　中庭などに面して、アーチでおおわれた開口の半戸外空間。この下で講義がおこなわれた。

自分の師として選ぶということなのである。その点で、マドラサは、制度的かつ組織的な教育施設だということができる。

マドラサのもつこのような特徴は、マドラサの組織構成と、それを反映した施設の建築様式に、はっきりと反映されている。教育組織としては、マドラサは専任の教師と、所属する学生から構成されている。建築物としては、マドラサとモスクの最大の違いも、その点からきている。モスクは礼拝のための施設であることに特化していて、基本的に、その他の活動のためのものは含んでいない。モスクを利用しておこなわれたさまざまな社会的活動は、ただ礼拝のあいだのあいている時間に、その空間を利用する自由が、ある程度認められていたにすぎないのである。

マドラサは、基本的にモスクの一種のヴァリエーションだとみることもできるが、建築的には明確な違いがあるといえる。その違いは、現代の学校にあてはめると教室にあたる部分が、はっきりと決めてつくられていることと、在学生のための寄宿舎にあたる部分が同じ建物内に組み込まれていることにある。十四世紀にカイロに建設された、スルターン・ハサンのマドラサ▲の平面図を例

▼ミフラーブ　メッカの方向を示すために、モスクの内壁につくられた窪み。礼拝は、ミフラーブのある壁の方向を向いておこなう。窪みは、二本の柱に支えられたアーチ型につくられていることが多い。

としてみると、そのことがよくわかる。また、左頁の図からもわかるように、マドラサはモスクとしての機能をもつことができる。礼拝の時間がくれば、もっとも広い空間が、礼拝の場として使われる。その空間の壁には、メッカの方向を示すミフラーブ▲があり、説教壇もおかれている。しかし、モスクはマドラサをかねることはできない。教室にあたる空間は、モスクでも確保できるが、学生のための寄宿用の部屋は備えていないからである。

こうみてくると、マドラサでの教育の特徴は学生にあることがわかる。モスクで講義している人の話を聞くことは、原則として、だれにでも自由にできた。マドラサの場合は、授業を受けるのは学生である。学生は、コーラン学校を修了し、さらに中等程度の知識をもつ十五・十六歳以上の男子であったが、就学年齢も修業年限もとくに決まっていたわけではなかった。在学生数は、マドラサの規模によってかなり幅があったが、平均すると二〇名から四〇名くらいだったと推定されている。一〇〇名をこす大規模なものもあったようである。正規の学生以外には例えば、聴講生にあたるような人がいることもあった。また、マドラサの学生には、マドラサ内の寄宿用の部屋に住み、学業と日常生活を支

●—**スルターン・ハサンのマドラサ平面図**　マムルーク朝スルターン・ハサンにより十四世紀半ばにカイロに建設された。このマドラサでは四法学派すべてを教えていたが、もっとも勢力のあったシャーフィイー学派に、もっとも広い教場と学生用の寄宿スペースが割り当てられていた。

●—**スルターン・ハサンのマドラサの正面**

●—**マドラサの側面**

えるための奨学金が支給されるのがふつうであった。

このようなマドラサを経済的に支えたのは、ワクフ制度(五〇頁参照)である。施設の建設資金から始まり、学生への奨学金、教師たちの給与、管理や運営のために働く人びとの給与、それに消耗品やその他の備品等の経費など、マドラサの運営にかかるすべての経費は、そのマドラサのために設定されたワクフの資金から出されるのがふつうであった。ワクフの設定者は教師たちの任命、管理のための要員の雇用、マドラサの教師や職員の給与の額、日常の運営経費の予算決定など、マドラサの運営の細部にまでわたる権限をもっていた。

このワクフ制度に関連して、十三世紀には大きな変化がおこった。スルターンなど政治的な支配権を握る者が、自らが直接に支配する国家の土地をワクフに組み入れることが法理論的にも認められるようになったのである。このような土地を利用してワクフをつくり、それまで以上に数も規模も大きなモスクやマドラサが建設されるようになった。ワクフにかんするそのような法的解釈の変更を推進したのは、新しいワクフにより利益を受けることになる、法学者たちを中心とするウラマー層であった。これは、ワクフ制度と宗教的、あるいは教育的施設のつながり、そしてその施設建設の受益者であるウラマー層との関係を考えるうえで興味深い現象である。

しかし、高等教育の施設であるマドラサが多数建設されるようになったからといって、教育全体が制度化され組織的におこなわれるようになった、というわけではなかった。教育方法や知識の伝達の仕方と意味など、重要な点では、従来の教育のあり方が踏襲されていたのである。モスクなどでの教育も、引き続きさかんにおこなわれた。

児童教育の理念と実態

イスラーム社会では、教育が制度としておこなわれなかったにもかかわらず、さまざまな学問がさかんにおこなわれるようになったアッバース朝時代以降、教育にかんする本が数多く書かれるようになった。広い意味での教育論は、教師向けの簡単なハンドブックのようなものから、高等教育の専門的な科目の教育方法論にまで、また、常識的な作法にもとづくしつけ論的なものから、人間の心理にまで踏み込んだ教育論の議論、さらには教育に関連する社会的行為を法学的な立場から検討するものまで、さまざまなレベルと分野を含んでいる。

はっきりした制度やかたちのない教育のあり方のなかで、児童教育にあたるコーラン学校（クッターブ）だけは、どの時代をとっても、どの地域をとっても、その目的は同じであった。児童へのコーラン教育は、最初期から現在にいたるまで、ムスリムとしての人生の宗教的・知的生活の基礎を築くものであるということで、その重要性が繰り返し強調されてきた。ただ、教え方や、コーラン以外の科目の選択については、地域や時代によって多少の違いがあった。

児童にたいするコーラン教育の場としてのクッタープの歴史はかなり古く、ウマイヤ朝時代には各地にかなり普及していたことは、すでに述べた。初期のクッターブの教育方法は、おそらくはビザンツの児童教育から取り入れたものであろうと推測されているが、確かなことはわからない。ともかく、クッターブの教育の基本は、コーランの章句の暗記にあった。教師が先唱するのを生徒たちが、それをそのまま繰り返し、少しずつさきに進んでいく。暗誦できるまでそれを繰り返しおこなった。また、教師の書くコーランの一部を、そのとおり書き写し、その部分を暗記すると、つぎの部分をまた筆写しながら進んでい

▼クッタープの教師　ずっとあとの時代のエピソードであるが、十九世紀後半の子ども時代に、コーラン学校で教育を受けた二十世紀のエジプトの碩学ターハー・フサインは自伝のなかで、コーラン学校の教師の欲張りなことや能力の低いことを、からかい気味に回顧している。

くという方法もとられた。基本的に、ひたすら機械的な暗記が、もっとも大事な学習法であった。児童の意欲をかきたてるために、コーランをよく覚えた生徒を人前で褒《ほ》めるということも、よくおこなわれた。コーラン以外には、読み書きと算数の基礎が科目として加えられることもあった。

クッタープの教師▲は、初期の時代には尊敬されるべき人物であると考えられたが、学問が進み、さらにレベルの高いことを、年齢も上の人たちに教える人びとがふえてくるにつれ、社会的な尊敬の度合いはさがってきた。とくにマドラサのような高等教育の学校と呼べるようなものが出現すると、クッタープの教師にたいする社会的評価はさらにさがり、もっぱら質の低さを揶揄《やゆ》される対象とまでなってしまった。

クッタープに最初にはいる年齢は五・六歳くらいで、生徒のほとんどは男子であったが、女子生徒がいるときは、男女は別々に座った。授業は金曜日やイスラームの祭日以外は毎日あったが、出席するかしないかは生徒の自由であった。年齢別ではなく、全体が一堂に会して勉強するのがふつうであった。

このような状況にあって、教師は全体の秩序を維持しながら、学習効果をあげなければならなかった。教育論の多くもこのような実践的な面に重きをおいている。秩序を維持するために、それを乱す生徒をどのようにしておとなしく勉強させるか、すなわち、教室における罰の問題が大事なこととして論じられた。鞭《むち》や棒で、いうことをきかない生徒をたたくことの是非から、もしたたくならどの程度の強さで、どのような態度でやるのがよいかということまで論じられている。実際にいちばんよく使われた方法は、かかとを棒でたたくという方法であったらしい。

暗記の強制についても、さまざまな議論がなされている。コーランを覚えること自体はいいことだと認められているが、それを無理やりやらせることについては、慎重論もあった。暗記を強制することを諌《いさ》めるハディースもあり、その弊害に気がついていた人もたしかにいたようである。それにもかかわらず、全部ではないにしても、コーランを暗記することは、現在にいたるまで奨励されつづけてきた。コーラン以外の科目の教育についての議論もおこなわれている。コーランの章句を部分的に書き移しながら覚えていくというやり方をつうじて、読み書きを少しずつ学ぶ、という方法がとられることが多かった。現実

▼**アラビア語**　アラビア語は文語と口語にほぼ完全に分かれている。文語は正則アラビア語(フスハー)と呼ばれ、そのもっとも優れた模範がコーランの言葉だとされる。一方、口語(アーンミーヤ)は、地方によってかなり違っているが、いずれも文語とははっきりと区別される。実際に使われた言語としては、文語でさえ、時代がさがるにつれコーランのアラビア語とはかなりかけ離れたものとなっていった。

の生活で使われているアラビア語▲は、コーランのアラビア語とはかなりかけ離れていた。そういう状況で、このようなやり方が、アラビア語を書くことを学ぶのに適したものかということが問題にされている。書き方の模範としては、コーラン以外の材料のほうが適していると考えて、コーランとは別に、他の教材を使って読み書きを教える地域もあった。また、なにかを教えるとき、どういう順番で教えればいいかとか、なにかについて説明するときは、繰り返したほうがいいとか、具体的な教授法についての議論もさかんになされた。

児童教育はクッターブだけでおこなわれたわけではない。支配エリート層や裕福な家庭の子弟は、家庭教師に習うことが多かった。子どもにコーラン教師をつけることはめずらしいことではなかった。このコーラン教師の雇用をめぐって、法学上の議論が展開されたが、その議論は、コーランを教えることで報酬を受け取っていいのかということをめぐってのものであった。このことはクッタープの教師にもあてはまることで、法学的な議論と現実のあいだのずれを示す一つの例ともいえる。コーランという聖なるものにかんする知識を、人に伝えることによって報酬をえることは、宗教的には認められないことである、という建前論を主張する人も多くいた。一方で、社会の大多数は、クッタープの教師にしろ、家庭教師にしろ、社会的な活動から報酬をえることは当然だとした。実際、クッタープの教師たちは生徒たちの親から少額ながら謝礼を受け取るのがふつうであった。報酬は金銭で支払われることが多かったが、食料品などの品物の場合もあった。世間的に非難されるほどの額でなければ、むしろ当然のことだと認められていた。人気のある教師のもとには、多くの生徒が集まり、その結果、大きな収入をえるということもみられた。

学問的知識の伝達の理念と実践

九世紀から十世紀にかけて、さまざまな学問分野が発達し、高度のレベルに達した。とくにイスラーム諸学についてそういえる。学問が細分化され、それぞれがより複雑な問題をあつかうようになり、専門化が進んでいった。

そのような学問の典型ともいえるのが法学であった。そのうえ、法学には確立した法学派があり、法学を志望する者は、どの法学派の法学を学ぶかを選択しなければならなかった。マドラサでは、とくにこのことは意識されており、

▼法学の授業　スルターンたちが首都に建設した、大きなマドラサなどでは、スンナ派の正統四法学派の教師により、四つの法学派すべての法学の教育がおこなわれることがあった。中規模のマドラサでは、四法学派すべてではなく、二ないし三法学派の教育がおこなわれることもあった。

どのマドラサでは、どの法学を教えるかが決まっていた。大きなマドラサでは複数の法学派の法学が教えられた。▲

法学を志望する学生にとって、法学派の違いにかかわらず、コーランとハディースにかんする幅広い知識は、いわば当然の前提で、その前提の上に立って、法学の諸分野を学ぶことになる。まず、最初に法学の基礎としての法学基礎論がきた。ついで、学ぼうとする法学派の各論にはいる。その後に、同じ法学派内や法学派間で意見の分かれている事柄について学び、最後に論争の仕方を学んだ。このように、法学にはカリキュラムに似たような考えが理論的にはあったが、これについては法学者間で合意ができていたわけでもないし、実際の教育の現場でこのような考えにそって科目が配列されていたわけでもなかった。それぞれの教師の任意の選択で教える順番が決まっていたのが実情であった。このことは、マドラサにおいてもまったく同様であった。

客観的な教育の達成度という考え方はなく、ある科目を習得したかどうかは、教師の判断によった。決まったカリキュラムのないこととあわせて、マドラサの修業年限とか卒業資格などがないことがその理由であった。この点でも、マドラサは学校であるのに、制度的な意味での教育をおこなっていた学校ではないということになる。

それでは、モスクにしろ、マドラサにしろ、教育そのものが制度化さていないところで、知識の伝達は、どのようなかたちでその正統性を保証されたのであろうか。「伝達の諸学問」であるイスラーム諸学は、「伝達」ということに特徴がある。それでは知識が正しく伝達されているということは、いったいどのようにして認められたのであろうか。前にも述べたように、イスラーム的な知の源の一つをなすハディースの学問の伝統から、正しい知識は信頼度の高い伝え手によって世代から世代へと受け継がれていくものであると考えられた。

このような知の伝達についての考え方の中心になるのは、「信頼度の高い伝え手」という概念である。これを教育や学問にあてはめるならば、「だれから学んだか」ということが問題になる。それが何世代かにわたって、すなわち、師弟関係の連続体を、広く認められたものとして明確に示せることが、学者にとっては自らのもつ知識の確かさの根拠になるのである。これはかたちのない制度ともいうべきもので、そのような考えを共有する集団の内側にいなければ、はっきりした内実がみえないだけに、わかりにくいものである。

さらに、ことを複雑にしているのは、師弟関係▲が単線的なものではなく、多くの場合、複線的なものとなっていることである。そしてそれが、ある世代だけでなく、つぎの世代へとおよんでいくのであるから、さらに複雑にからみ合って、単純にある時点での師弟関係だけでウラマー層の内部関係をとらえることは極めて困難になる。

そのような問題はあるが、個々のウラマーにとっても、またその人を取り囲むウラマーたちのあいだにおいても、「だれのもとで、なにを学んだか」ということが、大事なこととして認識されていた。そのことを証明するものとして、教師自身からの「お墨付き」として「イジャーザ▲」というものが与えられた。これは現代の卒業証書や修了証のように制度として出される証明書とは異なり、教師個人が学生に与えるものである。そのため、その社会的価値は、教師自身のウラマー層内部での評価、ひいては社会的な名声の高さによって決まってくるものであった。そのような評価や名声が、ウラマーの権威の社会的なあらわれ方であった。

▼師弟関係　学問をおさめようとする者は、一人の教師だけではなく、多くの教師のもとで学ぶことが多かった。また、ある分野を学びながら、他の分野では、人に教えることもよくあった。こうして、一人一人の師弟関係が複雑に入り組んでいるうえに、そういう個人が集団としてネットワークを形成していた。

▼イジャーザ　学問修業の過程で、教師が学生に与える、なんらかの事柄についての許可、あるいは免許。例えば、教師が音読した教師自身の著になるテキストを聞いて、学生がそのままそれを筆記したもの、つまり写本に、これは「私の著作を正しく写したものである」というイジャーザを与えたりした。このように、イジャーザは、制度的に保証されたものではなく、教師個人の判断で出された。

このような師弟関係をつうじての知識の伝達の仕方は、モスクにおける教育のなかで発達し、ウラマーの知的権威を裏付けるものとして早い時期から確立していた。専任の教師と専属の学生という、制度的な学校という面をもつマドラサが広まってからも、このやり方は基本的には変わらなかったのである。

この連続的な伝達の確かさということと、学問的創造ということとは、どのような関係にあったのであろうか。諸学問の発展の初期には、新しい学問的展開や知的創造は、とくに問題にされることはなかった。知性にもとづく個人的な意見、学問的努力による新しい見解などは、イジュティハード▲の名のもとに、認められていた。しかし、学問がいったん確立すると、イジュティハードの余地は少なくなりはじめた。有名な「イジュティハードの門は閉じられた」という言葉は、早くも九世紀末から十世紀初めころには、広くいわれるようになっていたという説がある。これはとくに、法学について述べられていることであるが、その他の学問分野にも同じことがあてはまるという見方が、欧米の研究者のあいだには根強く残っている。

法学に限定しても、その他の分野のことを考えてみても、学問的・知的努力

▼イジュティハード　イスラーム諸学において、学者個人が、自らの知識と理性にもとづく判断によって、自らの結論を導き出すことを指す。これがとくに重んじられるのは法学の分野で、コーランやハディースなどを典拠として、具体的な事例に適用できる法規定を導き出す方法として使われた。初期には、イジュティハードの余地が大きかったが、時間の経過とともに、それが狭くなった。しかし、歴史的にはつねに新しい問題が生じていたのであるから、イジュティハードがなくなることはなかった。

による新しい創造は、学問の創成期ほど活発ではないにしても、それができる人材が枯渇してしまったわけでもないし、取り扱う問題がそれほど大きくないかもしれないが、絶えず生み出されつづけたのである。ただ、歴史的環境や生活の諸条件にそれほど大きな変化が生じなくなったために、その変化がそれほど劇的にあらわれなかったということである。その意味で、ウラマーたちが保守化▲したということはできるであろう。

　教育に関連する著作のなかには、学者に必要な技術としての書くことについて、技術指導をおこなっているようなものもある。その一方で、良い教師の条件と良い学生の条件▲を列挙しているものもある。こちらは、知識の伝達の当事者たちの倫理的資質を問題にするものであり、それと同時に、実際の立ち居振る舞いの仕方までも説いてもいる。学生にとってさらに現実的な問題として、教師の選択、すなわちマドラサの選択という問題があった。自分にとって良い教師を選ぶ能力は、学生にとって欠くことのできないものであると、説いている本がある。このことは、裏返せば、質の高いマドラサの教師が、それほど多くいたわけではないことを示しているのであろう。また、もう一つ別の大きな

▼ウラマー層の保守化　十二・十三世紀以降にみられるようになった一般的な現象であるが、その反面、いくつかの分野では極めて独創的な業績や、新しい知的傾向もでてきている。例えば、十四世紀に『歴史序説』を著したイブン・ハルドゥーンは、イスラーム諸学、「理性的諸学問」、アダブに通じており、それらを総合してユニークな政治社会論・文明論を展開した。また、十三・十四世紀は、編纂の時代とも呼ばれ、それまでの知の蓄積を、百科全書的に編纂し網羅的にまとめた著作ができている。

▼教師と学生の条件　ガザーリーの『宗教諸学の甦り』の影響のもとに書かれたとされる十三世紀のある書では、教師の七つの条件と、学生の九つの条件が論じられている。教師については、教えるべき科目についてのしっかりとした知識がもっとも重要だとしているのにたいし、学生には、性格が純粋であることに加えて、わからないことや疑問に思ったことについて質問する積極性や、与えられた知識をうのみにしない批判的な精神が大事だといっている。

問題があった。勉学に打ち込み、学問に身を捧げるためには、経済的な裏付けが必要である。そのことを論じているものもある。経済的に裕福な家の子どもが有利である、と当然の結論を出していることじたい、逆に、学生たちにとって、金銭的な問題は切実な問題であったことを示しているといえる。

イスラーム社会における知の伝達のあり方は、その基本的性格が九・十世紀に形成され、それがその後、継承されることとなった。そのことは、知的な保守化の要因となることもあったが、かならずしも時代環境の変化にたいして、新しい見解や伝統的な考え方の見直しということが放棄されてしまったわけではない。国家とウラマーの関係は、十六世紀以降のオスマン朝治下で大きく変わっていく。さらにそれに、十九世紀以降の国家による西洋型教育制度の採用があり、知の伝達のあり方は大きく変わることになった。そのようななかにあって、従来からのウラマーたちの自律性の意識は根強く残り、イスラームの学問にかかわる人びとは、時代をこえて伝えられてきたものを、新しく解釈しなおして、時代に適応させようと、厳しい努力をかさねている。

参考文献

井筒俊彦訳『コーラン』（全三巻）岩波文庫　一九六四年
井筒俊彦『イスラーム思想史――神学・神秘主義・哲学』岩波書店　一九七五年
井筒俊彦『イスラーム文化――その根底にあるもの』岩波書店　一九八一年
井筒俊彦『イスラーム生誕』中公文庫　一九九〇年
井筒俊彦『イスラーム思想史』中央公論社　一九九一年
イブン・スィーナー（五十嵐一訳）「医学典範」伊東俊太郎ほか編『イブン・スィーナー』（科学の名著8）朝日出版社　一九八一年
イブン・ハルドゥーン（森本公誠訳）『歴史序説』岩波書店　二〇〇一年
私市正年『イスラーム聖者――奇跡・予言・癒しの世界』講談社現代新書　一九九六年
ギブ、ハミルトン・A・R（加賀谷寛ほか訳）『イスラーム文明史――政治・宗教・文字にわたる七章』みすず書房　一九六八年
ギブ、ハミルトン・A・R（井筒豊子訳）『アラビア人文学』講談社学術文庫　一九九一年
グダス、D（山本啓二訳）『ギリシア思想とアラビア文化――初期アッバース朝の翻訳運動』勁草書房　二〇〇二年
佐藤次高・鈴木董編『都市の文明イスラーム』（新書イスラームの世界史1）講談社現代新書　一九九三年
嶋田襄平『イスラム教史』（世界宗教史叢書5）山川出版社　一九九一年

東長靖『イスラームのとらえ方』（世界史リブレット15）山川出版社　一九九六年
ハッラーク、ワーイル（奥田敦訳）『イジュティハードの門は閉じたのか――イスラーム法の歴史と理論』慶應義塾大学出版会　二〇〇三年
ブハーリー（牧野信也訳）『ハディース』（全六巻）中公文庫　二〇〇一年
ホーラーニー、アルバート（湯川武監訳）『アラブの人々の歴史』第三書館　二〇〇三年
堀井聡江『イスラーム法通史』山川出版社　二〇〇四年
三浦徹「ダマスクスのマドラサとワクフ」『上智アジア学』13　一九九五年
ムスリム（磯崎定基ほか訳）『日訳　サヒーフ・ムスリム』（全三巻）日本ムスリム協会　一九八七年
森山央朗「イスラーム的知識の定着とその流通の変遷――一〇～一二世紀のニーシャープールを中心に」『史学雑誌』第一一三編四号　二〇〇四年
ワット、W・M（福島保夫訳）『イスラームの神学と哲学』紀伊國屋書店　一九七六年

図版出典一覧

Ayman Fu'ād Sayyid, *Al-Mawā'iẓ wal-i'tibār fī ḏikr al-ḫiṭaṭ wal-aṯār/ de Maqrīzī, Taqiyy al-Dīn Aḥmad b. 'Alī b. 'Abd al-Qādir 766–845/1365–1442*, volume iv / 1, London: Al-Furqān Islamic Heritage Foundation, 1422/2002. 65, 73, 74, 75下
Ayman Fu'ād Sayyid, *Al-Mawā'iẓ wal-i'tibār fī ḏikr al-ḫiṭaṭ wal-aṯār/ de Maqrīzī, Taqiyy al-Dīn Aḥmad b. 'Alī b. 'Abd al-Qādir 766–845/1365–1442*, volume iv / 2, London: Al-Furqān Islamic Heritage Foundation, 1422/2002. 56, 57下
Dodge, Bayard, *Muslim Education in Medieval Times*, Washington, D.C.: Middle East Institute, 1962. 67下
Lewis, Bernard, ed., *The World of Islam: Faith, People, Culture*, London: Thames and Hudson, 1997. 10, 26下, 46, 55, 57上, 61, 67上, 68
Al-Munjid, Beirut: Dar el-Mashreq, 2005. 58
井筒俊彦『アラビア思想史——回教神學と回教哲學』博文館　1941年 38
著者提供 扉
並河萬里／ユニフォトプレス カバー表
The Bridgeman Art Library／ユニフォトプレス カバー裏

世界史リブレット102

イスラーム社会《しゃかい》の知《ち》の伝達《でんたつ》

2009年6月30日　1版1刷発行
2021年9月5日　1版4刷発行

著者：湯川《ゆかわ》　武《たけし》

発行者：野澤武史

装幀者：菊地信義

発行所：株式会社 山川出版社

〒101-0047　東京都千代田区内神田1-13-13
電話　03-3293-8131(営業)　8134(編集)
https://www.yamakawa.co.jp/
振替　00120-9-43993

印刷所：明和印刷株式会社

製本所：株式会社 ブロケード

世界史リブレット　第Ⅲ期［全36巻］

〈白ヌキ数字は既刊〉